Reconocimientos para *El poder de la bondad*

."Algunos sociólogos han dicho que a nuestra cultura le gusta argumentar. Nos enfocamos en las diferencias y nos insultamos unos a otros libremente. No creo que alguien sea feliz con las disensiones que hemos creado. ¿Será posible que podamos volver a ser civilizados? Creo que sí, y Shaunti Feldhahn lo señala con *El poder de la bondad*. Recomiendo mucho este libro y creo que tiene el potencial para cambiar el clima emocional de nuestra cultura".

—GARY CHAPMAN, autor de *Los 5 lenguajes del amor*, *bestseller* del *New York Times*.

"Sahunti Feldhahn lo logró otra vez. Donde otros adivinan, ella investiga. La bondad no solo es algo lindo, es una transformación en todas nuestras relaciones. Te invito a unirte al reto de bondad".

—CHIP INGRAM, fundador de Living on the Edge y pastor en la iglesia Venture Christian.

"En su último libro, Shaunti Feldhahn habla de uno de los elementos más importantes de cualquier relación sana: ¡la bondad! Todos sabemos que debemos ser amables, pero no sabemos por qué ni cómo. En este libro Shaunti nos ofrece una guía inspiradora para todos los que quieran mejorar sus relaciones más importantes".

—JIM DALY, presidente de Focus on the Family.

"Espero que *El poder de la bondad* se convierta en un movimiento mundial para transformar vidas. El poder de la bondad tiene la capacidad de cambiar cualquier matrimonio, familia e, incluso, ambiente laboral. Es imposible aceptar el reto y no mejorar tu vida. Yo lo acepté y te invito a hacer lo mismo. La bondad importa. Pasa la voz".

—Doctor JIM BURNS, presidente de HomeWord, autor de *Creating an Intimate Marriage* y *Confident Parenting*.

"Shaunti Feldhahn es la Encantadora de Relaciones. Sus investigaciones innovadoras, ideas brillantes, aplicaciones prácticas y llamadas a la acción transformarán tus relaciones a un nivel muy profundo. Imagina lo diferente que sería tu vida si el trato más difícil se volviera saludable. *El poder de la bondad* lo hará realidad. Shaunti expone un plan convincente que ya mejoró incontables relaciones y seguro funcionará para ti. Garantizado".

—DAVE y ASHLEY WILLIS, autores de libros superventas y fundadores de StrongerMarriages.org.

"¡De nuevo Sahunti lo logró! *El poder de la bondad* es otro ejemplo de cómo saca pepitas de oro de la investigación. Ofrece tres pasos fáciles y prácticos que puedes aplicar en tus relaciones para llevarlas a otro nivel".

—CRAIG GROSS, fundador de XXXchurch.com y coautor de *Through a Man's Eyes*.

"¡Deja lo que estés haciendo y lee este libro! ¡Acepta el reto! ¿Por qué? Porque se trata de revolucionar tus relaciones. Todas. Y es más fácil de lo que te imaginas. Shaunti establece un plan práctico y comprobado que cualquiera puede seguir. Después de leer este libro… tu vida ya no será la misma".

—Doctores LES y LESLIE PARROTT, autores de *Saving Your Marriage Before It Starts*, #1 en la lista del *New York Times*.

"Todos buscamos el botón para facilitar nuestras relaciones. Shaunti nos ayudó a encontrarlo. Aunque no siempre es fácil ser bondadoso (en especial cuando no quieres), importa mucho en las relaciones más significativas para nosotros. Estoy tomando muy en serio las palabras de este libro ¡y espero que hagas lo mismo!".

—JILL SAVAGE, CEO de Hearts at Home y autor de *No More Perfect Marriages*.

El PODER de la **BONDAD**

30 días para mejorar cualquier relación

SHAUNTI FELDHAHN

ORIGEN

Título original en inglés:
The Kindness Challenge by Shaunti Feldhahn

Primera edición: mayo de 2018

Para todos aquellos que eligen la bondad.

Sé bondadoso,
pues todo el que conoces
está peleando una gran batalla.

FILÓN DE ALEJANDRÍA

Índice

Introducción

La bondad importa

Durante una década de encuestas a miles de personas sobre sus inseguridades y necesidades, descubrí un patrón increíble, uno que cambia por completo nuestras ideas sobre lo que nos lleva a prosperar en la vida.

He visto qué nos hace miserables y qué nos trae alegría. Como adivinarás, satisfacer nuestras necesidades y que los otros sepan cómo evitar herirnos marca una gran diferencia... También marca una gran diferencia cuando encontramos satisfacción en el trabajo, cuando somos amados y apreciados en el hogar.

Pero sobre todo eso, hay un factor mayor: *prosperar depende más de cómo elegimos tratar a otros que de cómo nos tratan.* De hecho, cuando lo aplicamos bien, este factor nos lleva a otras cosas que nos iluminan. Si lo manejamos mal, muchas veces terminamos sufriendo tristeza.

El camino a un lugar feliz empieza con una decisión: ser o no ser bondadoso. En especial cuando no queremos serlo.

En las siguientes páginas, abordaremos la sorprendente verdad de lo que significa la bondad (o maldad) en la práctica y cuán fácil es ser desagradable sin darnos cuenta. Verás cómo la bondad puede transformar tu casa, tus relaciones románticas, la crianza, el liderazgo, la escuela, tu empleo, tu iglesia, los deportes, tu comunidad, el gobierno, tu profesión... Nuestra bondad importa en muchos espacios y tiene un poder mayor para transformar justo en las situaciones donde (o cuando) menos queremos expresarla.

Exploraremos cuánto importa en nuestras relaciones personales y profesionales. ¿Quieres llevarte bien con la gente y ayudar a otros a hacer lo mismo? La mayoría desearía hacerlo. ¿Hay alguien específico con quien deseas o necesitas mejorar? A la mayoría de nosotros también le sucede.

Resulta que el aparente dulce atributo de la bondad tiene un poder explosivo, pero no siempre sabemos cómo desencadenarlo. ¿Cuáles son los pasos simples y específicos que marcan la diferencia? ¿Por qué algunas acciones importan mucho y funcionan tan bien (en cualquier tipo de relación o para toda nuestra cultura)? ¿Cómo aplicarlas para que te vuelvas una persona cuya vida esté marcada por la bondad? ¿Cómo lograr que tú y los que te rodean prosperen?

En los siguientes capítulos te compartiré el cómo, el qué y el por qué de las respuestas más prácticas y estratégicas, incluyendo un plan específico que llamamos El Reto de 30 días de bondad. He visto este Reto cambiar miles de relaciones entre esposos, colegas, familias, socios, amigos… Pero lo mejor es que también *nos* transforma.

EL PODER DE LA BONDAD QUE CAMBIA LA VIDA

Si eres como la mayoría de los que investigamos a lo largo de los años, algunas cosas son fijas. Casi todos tus problemas con la gente no provienen de los grandes conflictos sistémicos, sino de los pequeños. No te gusta vivir con dificultad y tensión en la casa, trabajo o sociedad en general. Estás dispuesto a mostrar más amabilidad, bondad y generosidad para tener mejores relaciones. Pero cuando estás ocupado o estresado piensas que algunas acciones pequeñas no importarán. Puede que ya hayas intentado todo lo que se te ocurre y no haya funcionado. Tal vez no sabes dónde o cómo empezar, por eso al final el resultado es el mismo: tienes una situación conflictiva o polémica que evita que puedas gozar de la vida.

Pues bien, en la mayoría de los casos, no tiene que ser de esa forma.

La investigación es clara: en la actualidad, muchas de nuestras relaciones diarias no necesitan ser hirientes o difíciles. Cuando abras los ojos a esto, descubrirás dos tipos de bondad que tienen un gran poder de transformación:

1. La bondad enfocada. Es específica a un individuo (por ejemplo, esposo, esposa, novio, novia, hijo, compañero o colega) con el que quieres tener una relación mejor.
2. La bondad en general. Tiene un impacto en mucha gente que te rodea y por lo tanto en la cultura.

Aunque en este libro nos concentramos más en la bondad enfocada, todos los principios se pueden aplicar a la sociedad.

La bondad está formada por tres elementos con los que quizá nunca la habíamos relacionado: áreas de *pensamiento, palabra* y *acción*. Conforme investigamos esto, la mayoría descubrimos docenas de formas en las que fuimos desagradables sin darnos cuenta (actitudes que sabotean nuestras relaciones personales, a nosotros, la efectividad en el trabajo, actividades y gozo de la vida). Ser conscientes de esta "ceguera de bondad" es un resultado poderoso por sí solo, pero también encontraremos fortalezas bondadosas cuya importancia desconocemos y sobre las cuales podemos construir.

Este libro nos ayudará a descubrir en qué elementos específicos de la bondad necesitamos trabajar, cómo hacerlo, identificar las acciones que debemos realizar (¡o no!) y, entonces, atrevernos a aceptar el Reto de 30 días de bondad (no solo para mejorar una relación, sino para ser parte de un movimiento que transforme nuestra cultura). Y cuando pongamos en práctica esos elementos, nuestros ojos se abrirán a lo que de verdad importa, tanto para nuestras vidas como para las relaciones que más nos interesan.

He aquí cómo será.

MAPA PARA EL VIAJE POR EMPRENDER

La Parte 1 muestra por qué la bondad (por encima de todos los rasgos de carácter) es muy importante para prosperar en la vida, trabajo y relaciones y por qué nos engañamos tan fácilmente sobre lo amables o desagradables que somos en realidad.

La Parte 2 explica los tres elementos de la bondad y del Reto de 30 días, para que cada quien identifique su patrón de bondad (o la falta de ella), el cual, de seguro, nunca habías notado.

Por último, en la Parte 3, encontrarás herramientas específicas para practicar la bondad en forma de consejos diarios para cualquier versión que elijas del Reto de 30 días.

Para aprovechar al máximo este proceso, te aconsejo que leas el libro con lápiz y papel a mano. Circula, marca o toma notas de las cosas que se aplican a tu vida y a la de la persona (o personas) con la que quieres una relación mejor. Identifica en qué necesitas trabajar más. Entonces, cuando hagas el Reto de 30 días de bondad, podrás monitorear tu aprendizaje y progreso, así como la respuesta de la otra persona y aconsejar a los demás. Mientras sigues aplicando este aprendizaje, mejora tu acercamiento a dicha persona, haz los ajustes necesarios, registra sus reacciones a estos ajustes y continúa. Pronto andarás la ruta hacia la transformación que cambiará esa relación… y nuestra cultura.

¿Aceptas el Reto? ¡Empecemos!

Parte I

Por qué un poco de bondad hace una gran diferencia

1

La bondad hace girar al mundo
La increíble importancia de un simple reto

Hace diez años, un día de invierno en Colorado, di una conferencia en un congreso de mujeres. Compartí algunas investigaciones sobre los hombres contenidas en mi libro *Solo para mujeres*. Expliqué un sorprendente descubrimiento: los varones dudan de ellos mucho más de lo que nos damos cuenta y por lo tanto valoran el respeto más que el amor. Noté mucho interés, emoción y aceptación (casi todas tomaban notas) cuando dije lo que nuestros hombres e hijos ven como respeto o reconocimiento... o la falta de él.

Entonces vino la ronda de preguntas y respuestas. Una mujer de cabello oscuro se levantó, su bonita cara era una máscara inexpresiva. "Usted dijo que las mayores necesidades de un hombre son que lo respete, confíe en él y lo aprecie, pero ¿qué pasa si *no lo hago*?". Explicó que su matrimonio se derrumbaba debido a decisiones de su esposo. Ya no lo respetaba, no sentía admiración o cariño y no quería tomar las acciones que yo acababa de exponer. Era una relación conflictiva y ella sentía que ya no había esperanza.

Desde entonces, durante estos diez años, entrevisté y encuesté a miles de hombres, mujeres y adolescentes alrededor del mundo, y escuché esa dinámica muchas veces, no solo de cónyuges difíciles o distantes, también de la familia política, colegas, niños, compañeros de clases, parientes, maestros, vecinos, toda la oficina y los conductores imprudentes en las calles. Todos tenemos una relación (o cuatro) que nos vuelve locos o que quisiéramos que fuera diferente.

También tenemos una relación que disfrutamos y, de cierta manera, deseamos que todas fueran así. La mayoría *queremos* ser el amigo de todos ¿cierto? Anhelamos llevarnos bien con los que nos rodean.

Y a veces es fácil. Pero no siempre. Sabemos que debemos ser más bondadosos con los compañeros de la escuela, apoyar a nuestros colegas o dejar que pase un conductor impertinente sin reaccionar de la misma manera que él. Tenemos que evitar hablarles mal a nuestros niños, voltearle los ojos a mamá cuando nos da la espalda o no demostrar cariño a nuestra pareja. Pero a veces nos han lastimado tanto o nos sentimos tan frustrados o poco respetados que preferimos desahogarnos porque sienta bien decir lo que en realidad pensamos. En otras ocasiones, solo estamos ocupados y tenemos muchas otras cosas en la cabeza como para pensar en la cortesía o en manejar bien una relación difícil. Y, por último, reunimos todo nuestro autocontrol y nos distanciamos para *no* decir lo que pensamos. Nos vamos e ignoramos el conflicto, corremos a hacer algo que nos haga pensar en otra cosa, llamamos a un amigo buscando su apoyo o hablamos con otros que nos entiendan. (Incluso buscamos consuelo en nuestros queridos amigos Ben & Jerry y sus ricos helados).

De todos modos, no estamos contentos con respecto a dónde están la relación o nuestros niveles de enojo, pero no vemos ninguna ruta hacia el cambio.

Ese era el punto en que se encontraba la mujer de Colorado aquel día de invierno cuando reconoció que, aunque tal vez fuera la mayor necesidad de su esposo, ella no lo respetaba.

No tenía idea de qué decirle. Así que le recomendé algo de la autora Nancy Leigh DeMoss que escuché pocos meses antes: una dinámica que consiste en tratar de interactuar con su esposo de una manera muy particular durante un mes. Le dije a la mujer que me apenaba su fuerte conflicto marital, le expliqué el Reto de 30 días de bondad y le sugerí que lo intentara y viera qué pasaba. Poco después, concluyó el congreso y viajé de regreso a casa.

"ESO CAMBIA TODO"

Desde el momento en que Nancy compartió el Reto conmigo, cautivó mi atención. En los años siguientes lo investigué a profundidad, apegándome a él, ajustándolo y analizándolo, una y otra vez.

Tres años después de ese congreso, me presenté en otra parte de Colorado en un retiro de fin de semana para mujeres, que incluía un almuerzo con el fundador de Enfoque a la Familia, el doctor James Dobson. Habló unos minutos y luego empezaron las preguntas sobre temas relacionados. Cerca del final, una mujer preguntó: "¿Qué pasa si mi matrimonio dejó de funcionar y ya no me gusta mi esposo? Sé que necesita que lo respete, que confíe en él, pero no puedo. ¿Qué hago?".

El doctor Dobson la miró pensativo: "Mmmm, es una buena pregunta". Entonces, con un guiño en la mirada (sobre todo considerando que le pudo contestar de inmediato), volteó a verme. "¿Shaunti?".

Imagíname carraspeando y pensando ¡ah! ¡tranquila! Ordené mis ideas y miré a la afligida mujer. "Sé que es un momento muy difícil y de verdad lamento que esté pasando por esto. Pero le sugiero empezar el Reto de 30 días que he investigado y experimentado durante los últimos años…".

Le expliqué en qué consistía, asintió y se sentó. Otra mujer se levantó, pero no preguntó nada, más bien volteó y le dijo: "Si de verdad lo haces, descubrirás que eso cambia todo".

Después me miró: "Tal vez no me recuerde, pero hace tres años vino a mi iglesia a dar una conferencia para mujeres. Mi esposo y yo vivíamos un mal momento. Le hice una pregunta similar y me respondió casi lo mismo. Todo mi ser deseaba ignorar cada palabra, pero no quería que mis hijos crecieran en un hogar roto. Así que lo hice… y fue el inicio de la salvación de mi matrimonio".

Mientras continuaba, se le llenaron los ojos de lágrimas (y confesaré que a mí también). "Mi esposo y yo hemos trabajado por muchas cosas. Hoy tenemos una relación maravillosa. No somos perfectos, pero *amamos* estar casados. Ahora, nuestros hijos tienen unos padres comprometidos mutuamente".

LA BONDAD ES UN CAMPO DE BATALLA

Usando el conocimiento de Nancy Leigh DeMoss (ahora Nancy DeMoss Wolgemuth) como punto de partida, y a través de los setecientos participantes en nuestra investigación, pasamos años analizando, refinando, probando y cuantificando pasos específicos que marcan una gran diferencia en cualquier relación. Lo compartiré con ustedes en las siguientes páginas. Pero cuando lleguen ahí, verán que la conclusión es muy sencilla: *sé bondadoso*.

El concepto es simple pero no fácil, en parte porque no sabemos cómo serlo. Tal vez pienses que es absurdo. Pero te lo prometo: es casi seguro que no lo sabes. Al menos no de la forma que funciona mejor. Y sobre eso te guiaré en este libro.

La otra razón es que está en peligro de extinción. Vivimos en una época y cultura marcadas por *no* ser bondadosas en muchas maneras. Las personas tienen una excepcional capacidad de ser amables y también hostiles, pero hoy ser hostil parece más fácil.

Por rutina la gente escribe cosas en las redes sociales, correos y mensajes que nunca dirían cara a cara. Las peleas al conducir son comunes. Los políticos se atacan unos a otros, igual los presentadores y comentaristas en televisión. Esto se refleja en jóvenes que hacen caras de desprecio a los demás y jefes que consideran aceptable ser arrogante en el trabajo.

Es fácil que nos olvidemos de la bondad si no nos proponemos protegerla y demostrarla. Pero es común que no lo hagamos. A nivel cultural, no es una prioridad hoy en día. (¿Alguien ha visto el programa *The Real Housewives of Atlanta* últimamente?).[1] Y a nivel personal ¡nuestras prioridades muchas veces son opuestas! Por un lado, nos alientan a expresar nuestros sentimientos, ser egoístas y buscar que se cumplan nuestros derechos. Escuchamos frases como "no te dejes" o "demuéstrale quién manda". Y por otro, nos dicen que nos volvamos fríos, nos apartemos y solo digamos "sí, amor"; que escondamos nuestros sentimientos aquí, pero salgamos a desahogarlos a donde sea, o que los apaguemos por completo, nos traguemos todo y sigamos adelante. Quizá no somos fríos e indiferentes a propósito, pero estamos tan ocupados que nuestra atención está en otro lado, lo que a fin de cuentas es lo mismo.

La bondad (verdadera y comprometida) requiere esfuerzo.

También es esencial... y algo dentro de cada uno de nosotros la anhela.

"¿QUIÉN NO QUIERE UN DULCE HOGAR?"

Al hacer una entrevista improvisada para este libro con dos hombres de negocios en una cafetería,[2] uno de ellos describió el anhelo de la bondad de forma perfecta: "Vivir en un mundo cruel no complace a nadie. ¿Quién no quisiera saber que llegará a un hogar, dulce hogar? ¿Qué niño no quisiera bajarse del autobús escolar y encontrarse con un padre o madre amorosos? La gente no quiere trabajar en un ambiente hostil, quieren uno amable. No uno cursi y sentimental, sino amable. Todos quieren colegas que los respeten. La situación perfecta, esa que la mayoría de las personas rara vez espera, es respetuosa *y* bondadosa".

Ya mencioné que, en todos mis años de investigación, un denominador común que determina si las personas logran disfrutar la vida es si dan y reciben bondad (la cual, para muchas personas, es la cara exterior del amor incondicional). Cuando compartí esa conclusión con el hombre de negocios, se notó que luchaba con la idea.

El hombre me dijo: "¿Pero en realidad se puede afirmar que la bondad es *lo* más importante para disfrutar la vida o las relaciones? ¿Por qué la bondad es tan importante en comparación con otras cosas?". El hombre soltó una carcajada. "Al fin y al cabo, realmente podría disfrutar mucho de la vida si a mi negocio le fuera muy bien y lograra tener veinte millones de dólares en el bolsillo".

Su colega intervino en la conversación: "Pero, con todo y eso, estoy dispuesto a *comprar* la bondad. Contrataré personas que sean amables conmigo. Todas las demás cosas que queremos son tan solo un medio para disfrutar la vida ¿cierto? Pero no lograremos disfrutar ninguna de esas cosas si no tenemos bondad también. Creo que es otra forma de decir paz".

El primer hombre dijo: "Sí, pero la paz no es suficiente. Es algo casi neutral. Creo que queremos más que eso. Queremos bondad real. De verdad".

GANCHO AL HÍGADO

Ser bondadoso (una herramienta tan simple) tiene resultados dramáticos para restaurar, construir o mejorar cualquier relación que nos importa. ¿Por qué? Porque mejora cómo nos sentimos con la otra persona y, al final, nos hace *querer* ser amables.

Piénsalo. Digamos que estás molesto con alguien (tu jefe, esposo, esposa, suegra, un adolescente). Si le dices cómo te sientes y después le cuentas a otra persona lo mismo ¿estarás más o menos molesto? La respuesta es obvia. Pero ¿qué pasa si no le dices a nadie? ¿Si mejor te programas todos los días para ser amable con esa persona, para encontrarle algo positivo o digno de elogio? Si se lo dices también a alguien más ¿estarás más o menos molesto? ¡También es obvio!

Cuando una de mis clientes corporativas, Nadia, escuchó de qué se trataba este libro, me contó la experiencia que tuvo hace años cuando trabajaba en una nueva ciudad con un jefe déspota. Siempre quería quejarse con otra compañera, que también pagaba los platos rotos por el pobre estilo gerencial de su jefe. Pero la otra compañera de trabajo nunca se quejó.

—Si eres negativa —le dijo a Nadia— ¿al final lograrás cambiar algo?

—Bueno, de hecho una se siente bien desahogando todas sus frustraciones —respondió Nadia—. Pero no, creo que no cambiará nada.

—Te equivocas —le contestó su compañera—. Algo logra cambiar. Cambias tú.

Nadia quedó impresionada con lo dicho, empezó a observar e imitar a su colega. Esta mujer era muy exitosa en los negocios, pero Nadia vio más que eso. Vio gentileza frente a la dureza. Generosidad frente a la mezquindad. Paciencia cuando su jefe estaba enojado. Vio a alguien que valía la pena imitar.

Practicar la amabilidad hizo que Nadia quisiera ser amable.

Mientras escuchaba las cualidades de su colega, también noté que yo quería ser como ella. De hecho, la descripción me recordó a alguien más. No sé si Nadia o su compañera profesan la fe cristiana, pero al oírla, no podía más que pensar "suena al modo en que la Biblia describe a Jesús". (Debería mencionar que, aunque mi investigación es científicamente rigurosa y aplica a cualquier lector en todo el mundo, sin importar raza ni religión, también hago un poco de trabajo en el entorno de las iglesias. Muchos de mis libros ofrecen aplicaciones basadas en la fe, incluido este, pues la bondad tiene la fama de ser uno de los elementos centrales de las enseñanzas de Jesús).

En un conocido sermón relatado en el evangelio de Lucas, Jesús dijo: "¡Amen a sus enemigos! Háganles bien. Presten sin esperar nada a cambio. Entonces su recompensa del cielo será grande, y se estarán comportando verdaderamente como hijos del Altísimo, pues él es bondadoso con los que son desagradecidos y perversos".[3]

Y los estudios demuestran que, si somos bondadosos (incluso cuando no lo merecen) algo cambia. No necesariamente en las otras personas, al menos no todavía, sino en nosotros.

Ese es el cambio más básico e importante que ocurrió en la vida de la mujer de Colorado. Cuando se propuso ver las cosas positivas de su cónyuge y evitar la costumbre de fijarse solo en lo negativo, su pregunta "¿qué pasa si no lo respeto?" desapareció. Empezó a notar las cosas que eran dignas de elogio y por las que no le daba crédito. Los problemas ya no parecían tan grandes. Volvió a sentir cariño y confianza en su esposo. Quiso demostrarle de nuevo ese respeto tan necesario del que les hablé.

No solo cambió ella. Su pareja dejó de estar a la defensiva y se abrió más para darle lo que necesitaba. Y el círculo positivo continuó. Su nueva mentalidad, palabras y acciones no resolvieron otros graves problemas por arte de magia, pero seguro esos pasos facilitaron su enfrentamiento y superación.

Ella descubrió el poder de la bondad. Y tú también puedes.

¿Estás listo? Te enseñaré cómo.

EL RETO DE 30 DÍAS DE BONDAD

Si la bondad es un medio muy potente para transformar relaciones ¿cómo la ponemos a trabajar? Ya mencioné la herramienta llamada el Reto de 30 días de bondad. Está diseñada para crear un deseo y hábito duraderos por cada uno de los tres aspectos clave de la bondad: evitar la negatividad, encontrar y elogiar algo positivo y realizar actos de bondad que sean valiosos para otras personas. Existen otras variantes importantes para grupos específicos (por ejemplo, hombres que ponen en práctica este reto para sus esposas), de lo cual hablaremos más adelante. Pero he aquí el Reto principal.

Escoge una persona con la que quieres o necesitas mejorar tu relación. Y durante los próximos treinta días haz lo siguiente:

1. No digas nada negativo sobre esa persona, ni a ella ni a nadie. (Si debes hacer una crítica negativa como jefe, maestro, entrenador o padre para corregir un error, transfórmala en constructiva y exprésala con un tono positivo).

2. Cada día, descubre algo positivo de esa persona que puedas elogiar o afirmar de forma sincera; exprésalo y cuéntaselo a alguien más.

3. Cada día, realiza un pequeño acto de bondad o generosidad hacia esa persona.

Eso es todo. Así de simple. Pero en realidad, los tres aspectos de la bondad son tres elementos químicos que, cuando los juntas, reaccionan y se convierten en algo distinto: algo extraordinariamente hermoso, poderoso y, sobre todo, transformador.

En nuestra investigación, no importa quién hizo el Reto o en quién se enfocó (pareja emocional, colega, padrastro o hijo), siempre que los participantes pusieron en práctica estos tres hábitos, el 89 por ciento notó mejoría en sus relaciones. La siguiente tabla muestra los resultados de los que hicieron el Reto por su pareja emocional.

Pequeños cambios, grandes resultados[4]	
¿Crees que tu relación mejoró por el Reto de 30 días de bondad?	
Sí, hay diferencia y mejoría importante (por ejemplo, nos hemos acercado más, discutimos menos, damos menos importancia a los problemas, etc.)	42.7%
Sí, existe una mejoría general, aunque es difícil señalar los cambios específicos	46.7%
Mejoría total	**89.3%**
No, nuestra relación no mejoró	10.7%

Tal vez estés pensando "si lo único que tengo que hacer para el Reto de 30 días de bondad es seguir esos tres pasos, ¿por qué debo leer todo un libro sobre el tema? ¿Qué más necesitaría saber?".

Embarcarse en esta dinámica sin información adicional es como reconstruir una casa sin ayuda de nadie. ¿No sería mucho mejor si recibes consejos de amigos experimentados, ves algunos videos de "hágalo usted mismo", incluso te apoyas en uno o dos contratistas? Serás mucho más eficaz y productivo si un amigo con experiencia trabaja a tu lado y te dice: "Tal vez no te fijaste, pero detrás de este panel hay dos tuberías, asegúrate de cortar aquí y no allá".

Este libro funciona de la misma manera. Y como verás en los próximos capítulos, todos necesitamos esta ayuda porque hay muchas maneras de sufrir ceguera personal frente a cuán bondadosos o groseros somos en realidad. Por ejemplo, si te pregunto cuáles son las maneras más comunes en que eres negativo con los demás, tal vez me respondas "¡no lo soy!" hasta que leas el capítulo 6.

En los siguientes capítulos descubrirás patrones específicos que debes identificar, pues quizá están socavando tu relación sin que te des cuenta. Y aprenderás ajustes simples que neutralizarán los malos hábitos y estimularán los buenos. La mayoría creemos entender cómo nos comportamos en las relaciones, pero sufrir de ceguera frente a nuestra propia bondad quizá nos haga tropezar. Pasé algunos años investigando esto para ayudarnos a ser capaces de identificar nuestros puntos ciegos (para arreglarlos) y oportunidades (para aprovecharlas).

En resumen, las siguientes páginas te ayudarán a descubrir qué tan bueno o malo eres realizando cambios en tus relaciones por medio de la bondad y serán tu apoyo para que puedas reconstruir bien la casa.

2

La bondad es un superpoder
Un poco de bondad rinde mucho

¿Quieres una vida mejor? *Sé bondadoso.* ¿Quieres una mejor relación con alguien? *Sé bondadoso.* ¿Quieres negocios más prósperos, una mentalidad más feliz, impacto significativo, mejor vida sexual o que las personas te respeten y se la pasen bien contigo? *Sé bondadoso.*

Casi suena demasiado bueno para ser cierto. Como algo que un viejo charlatán trataría de venderte en una feria: ¡solución única para todos los males! De hecho, es algo parecido. Claro que, siendo realistas, no resolverá *todos* los males y no es único, ya que cada persona lo debe aplicar de manera diferente. Pero lo he investigado durante más de diez años y he visto una verdad inalterable: la bondad es un superpoder. Es explosiva, sobrenatural y transformadora. Siempre fortalece y da poder, nunca debilita. Te cambia, no solo a los demás. Ablanda la dureza y hace más poderosa la generosidad.

La bondad tiene el poder de transformar, lo cual no tiene comparación en las ciencias sociales.

Durante años una compañía muy reconocida de tecnología (que llamaré Global) organizó grandes eventos en todo el mundo. Gozaban de gran popularidad entre los asistentes, pero no entre los patrocinadores, vendedores y otros negocios relacionados. De hecho, hace como cinco años, hacía algunas investigaciones para mis libros de negocios y un patrocinador importante puso a Global como ejemplo de una empresa con muy buen público, pero era tan frustrante trabajar con ellos que ya no valía la pena. Poco después la compañía le retiró su patrocinio.

Tiempo después se fue el presidente de Global. Con los nuevos directivos, en menos de dos años, muchos patrocinadores regresaron y la asistencia a los eventos aumentó. Me reuní con el nuevo presidente para saber qué había cambiado. Y me dijo esto:

Cuando asumí la dirección de la empresa, nuestra reputación se basaba en: "Tienes suerte de trabajar con nosotros". Éramos los populares. Teníamos ventaja. Éramos exclusivos y nos sentíamos orgullosos de eso. Nuestros patrocinadores sabían que necesitaban estar al frente de nuestra audiencia, pero odiaban trabajar con nosotros.

Teníamos una cultura de falta de atención. No solo al cliente, sino en general. No atendíamos a nuestros patrocinadores. En lugar de eso, en los eventos les exigíamos, éramos impacientes, nos codeábamos con los personajes famosos que presentábamos. Y de alguna manera nos sentíamos famosos. Sin mencionar que los organizadores de eventos tienen personalidad tipo A y nuestra lista de pendientes era extensa, así que si un patrocinador tenía un conflicto y estábamos abrumados cuando nos interrumpía, les señalábamos que *ellos* eran el problema. De todas formas, no nos enfocábamos en atender a quienes nos necesitaban.

Por fuera, nuestra actitud era ganar cada contrato, teníamos lo mejor de todo y, si no querías trabajar con nosotros, no hay problema… allá afuera había una fila de personas esperando su turno.

Conclusión: con el tiempo, descubrimos que para los patrocinadores no es suficiente querer estar frente a nuestras audiencias, deben anhelar trabajar con nosotros. También quieren disfrutar los eventos. Y odiaban los nuestros.

Lo bueno es que puedes cambiar tu reputación muy rápido. ¿Cómo? Siendo bondadoso. Siendo cálido. Siendo gentil. Ahora, cada vez que tenemos un evento importante le digo a mi equipo "ustedes han hecho todo el trabajo y planeación. Así que como miembros del grupo tienen dos tareas. Una es atender a nuestros clientes con todo el esfuerzo posible. Ninguna de las personas con las que interactúen hoy es una molestia. Todos aquí son la razón por la que hacemos lo que hacemos. Y la segunda tarea es divertirse".

Ambas son importantes, pero la bondad es el punto inicial y final. La diversión nos lleva a ser bondadosos y esto hace que todo el mundo se divierta más.

Esa idea nos cambió. Somos igual de exclusivos. Aún le tengo que decir no a algunos patrocinadores que quieren hacer ciertas cosas. Pero esa es una señal de nuestro progreso masivo, tenemos más patrocinadores que pagan más de lo que nunca antes habían pagado. Y *quieren* hacerlo. Lo escucho literalmente unas quince a treinta veces por evento: "Hombre, no parece la misma organización ¡el mismo equipo!".

Y esa es la mejor parte: *es* el mismo. Pero los líderes ahora hacen hicapié en la bondad. Les decimos a todos: "Así es a partir de ahora. No tienen opción. Si están sentados aquí, en la reunión del equipo, es porque aceptan un nivel específico de comportamiento. Están de acuerdo en querer valorar las relaciones". Supera tus marcadores, sí. Obtén resultados, sí. Pero si falta la bondad, no tendrás verdadera confianza. Lo he visto una y otra vez: si escoges las relaciones por encima de los resultados, estos serán mejores a largo plazo.

Ahora la diferencia es enorme. No es un cambio a corto plazo para hacer que la gente regrese. Es una estrategia a largo plazo. En la actualidad, somos una compañía que existe para atender a las personas, en lugar de existir para que nos atiendan.

Y por eso tuvimos que despedir a algunas personas, porque no era su estilo. Eran tóxicas para la empresa. Hay gente que simplemente no es amable, aun después de ver el impacto que tiene. No lo entiendo. La bondad hace la vida mucho mejor.

LOS SUPERPODERES DE LA BONDAD

No importa si tienes ocho u ochenta años, si eres un director general o estás en el colegio, casado o soltero, una madre o padre tratando de sobrevivir en la ciudad o el exitoso dueño de un negocio, la bondad mejora la vida.

¿Cómo? En realidad ¿qué clase de poderes tiene? Y de manera más específica ¿qué poder le ofrecerá a nuestras relaciones? Hagamos como cualquier superhéroe entusiasta (Spider-Man, Flash o Capitán América) y examinemos los poderes que nos da la bondad para mejorar nuestra vida y la de quienes nos rodean.

La bondad te hace a prueba de balas

Imagínate que estás en una situación muy desagradable en la que sientes la tentación de ser antipático y, aunque no dices nada grosero, seguro lo estás pensando. Tal vez cuando tu exesposa te critica por llegar tarde a recoger a los niños y quieres responderle de forma hiriente. Quizá cuando tu hija adolescente te gira los ojos o el tono burlón de tus compañeros de clase hace que te quiera explotar la cabeza.

Lo que sea que te saque de quicio es como una bomba emocional que te golpea justo donde duele.

La bondad tiene el poder de hacer que esas bombas no te hagan daño. Con tu predeterminación de ser bondadoso, no importa lo que pase con tu exesposa, tus compañeros o las personas que te rodean (en especial cuando no merecen tu compañía), de repente tienes el control de tus sentimientos. Les has quitado el poder de volverte loco.

Como me dijo una amiga hace años, cuando describió a su vecino que se comportaba muy mal todo el tiempo: "No voy a permitirle que me robe mi tranquilidad".

Mi esposo Jeff me ha acompañado en gran parte de mi investigación y ha visto cómo funciona esto en la vida de muchas personas, incluso en la suya. A Jeff le gusta ceñirse a las reglas, y por ello le causa malestar que las personas violen abiertamente las normas establecidas o las reglas de la buena educación. Pero como él señala, la bondad tiene la extraña capacidad de cambiar su angustia interna:

> Me imagino cuando voy conduciendo por la autopista. Claro, mi trabajo es seguir las reglas de tránsito en nombre de toda la sociedad civilizada. Así que, cuando dos carriles de la autopista se reducen a uno solo y todos han esperado su turno durante medio kilómetro, nunca falta el desvergonzado que acelera hasta el final del carril para meterse. Esto me enfada tanto que me satisface un poco impedirle el paso. Pero no me hace sentir menos estresado ni menos frustrado que antes. Y francamente, si le respondo de la misma manera desvergonzada, no me hará sentir bien.
>
> Pero si desde antes decido que no voy a darle tanta importancia a ese tipo de situaciones y, en lugar de eso, actuaré de forma amable, algo logra cambiar. La próxima vez que estos eventos sucedan o cuando alguien me haga algún daño, el estrés y ansiedad no me afectarán para nada. Quizá siga defendiendo lo que es correcto, en especial si es por el bien de otros. Pero si actúo con bondad en este asunto, lograré rápidamente trascender la frustración inicial y el incidente, en vez de quedarme atascado dándole vueltas al asunto.
>
> La bala impacta, pero rebota.

La bondad desarma a tu atacante

En el universo de Marvel, muchos personajes repelen ataques al absorber cualquier tipo de energía negativa lanzada contra ellos y la devuelven de manera distinta. El agresor se queda sin poderes. Bueno, una versión positiva de ese proceso existe en la vida real. De acuerdo a toda nuestra investigación y las ciencias sociales en general, hemos descubierto que cuando alguien es agredido o ridiculizado de manera verbal y responde de forma positiva, hay una gran probabilidad no solo de transformar el ataque, sino también al atacante.

Entrevisté a un joven que pasó un año manteniendo su temperamento controlado cuando alguien lo ofendía. Aquí describe la revelación que experimentó poco tiempo después:

Estaba retrocediendo mi coche en el estacionamiento del gimnasio sin prestar la atención debida. Una señora pasaba volando con su coche y casi la destrozo. Frené en seco y con gestos de las manos le indiqué que era mi culpa y que me disculpara. Pero la señora se detuvo, retrocedió y empezó a decirme en voz alta cuán irresponsable y peligroso fui por haber retrocedido sin fijarme si había coches pasando. Le respondí de manera inusual: "Usted tiene toda la razón. Me equivoqué. Le pido mil disculpas. ¿Está usted bien?".

Me miró un segundo y dijo: "Sí. Estoy bien. No hay problema. Solo tenía prisa porque…".

Me estaba escupiendo todo su veneno y de repente ya no tenía más para arrojarme a la cara. Y debido a que absorbí su enojo y respondí con bondad, la mujer la recibió y contestó de la misma manera.

La bondad te da vista de rayos X

¿Quién no ha soñado con tener el poder de leer la mente? Poder ver a través de paredes es una cosa, pero ¿a quién no le gustaría meterse en la cabeza de otra persona para escuchar y descubrir lo que piensa?

Cuando empecé a entrevistar a los que hicieron el Reto de 30 días de bondad, me sorprendió escuchar que muchas veces describían la misma dinámica. El acto de esforzarse para no ser negativos, de encontrar las cosas positivas y elogiarlas y ser generoso cada día tuvo un efecto secundario inesperado: de repente lograron sintonizarse con el punto de vista de la otra persona. Sin que fuera la intención en realidad, descubrieron que se habían metido en el pellejo de la otra persona.

Una joven me dijo que había discutido con su esposo sobre por qué había gastado una parte de su devolución de impuestos en lugar de ahorrarlos (a pesar de que estaban endeudados). Había tenido este tema de conversación varias veces. Una tarde, durante el Reto de 30 días de bondad, vio en su estado bancario el cobro parcial de una compra anterior y suspiró otra vez: "Fue una mala decisión".

Su esposo respondió: "¿Por qué sigues con eso? ¡Ya sé que me equivoqué!".

Ella continuó la historia:

Entonces salí de la habitación. Me di cuenta de que me equivoqué en la parte del Reto sobre "no decir nada negativo" y tratar de pensar en algo positivo. De pronto, me sentí muy mal. Fue como si me viera a través de sus ojos: *Aquí está mi esposa de nuevo, ha dicho lo mismo dos o tres veces. Ya sé que metí la pata y me siento mal. Aun así, sigue diciéndome que soy un irresponsable.*

¡Me di cuenta de que seguro él creía que yo pensaba que era irresponsable! Y en realidad es todo lo contrario. Diferimos sobre el dinero, pero es un esposo genial, trabaja muy duro y es un padre maravilloso. Creo que, de cierta manera, le hice sentir que no es suficiente. De repente, me di cuenta de que le reclamo cosas como el dinero o que no me presta atención. Él trabaja con adolescentes y cuando llega a casa tiene que ponerse al corriente con sus mensajes de texto (que saturan su teléfono), así que cuando hablo con él es como conversar con la pared.

Y me di cuenta de algo más: ¡quizá tampoco quiere lidiar con todos esos mensajes!

En ese momento me sentí muy mal, pues sé que necesita mi apoyo, no mis críticas. Me di cuenta de que debía disculparme. Le dije: "Perdón por sacar el tema de nuevo. Sé que cuidas tus finanzas porque no nos falta nada". Cuando me escuchó decir eso, logré captar su atención. Incluso bajó su teléfono y tuvimos una conversación increíble. Ya no le hablaba a la pared porque se dio cuenta de que había logrado percibir sus sentimientos más profundos.

La bondad traspasa paredes

Hace poco tuve una cena con un grupo de empresarias. Cuando preguntaron sobre mi próxima investigación y se enteraron de que uno de los objetivos de este libro era ayudar a transformar relaciones complicadas, una mujer describió su situación conflictiva (con la hija de veintidós años de su novio). La empresaria veía a la joven como alguien muy egocéntrica y la chica la veía como una moralista. Uno de los factores que impedían que esta mujer se casara con su novio era que la hija aún vivía en casa. En otras palabras, esta relación difícil tenía un impacto muy fuerte en su vida.

Cuando me preguntó qué le sugería, le expliqué el Reto de 30 días de bondad. Y con mis primeras palabras ("durante el próximo mes no digas nada negativo sobre la hija de tu novio, ni a ella ni a nadie más") se quejó: "¡Ay! ¡No sé si es posible! Bueno, dime ¿qué más?". Cuando terminé, se veía pensativa. "Seré honesta. Parece muy difícil. Pero es obvio que lo que he hecho hasta ahora no ha funcionado. Tal vez debo intentar algo nuevo".

Me retiré de esa cena pensando que si en realidad ella decidía dar el difícil paso de dedicarse un mes a rechazar la negatividad y luego encontrar cada día algo que pudiera elogiar y cumplir pequeños actos de bondad, le sorprendería ver la diferencia y desearía haber empezado antes. Solo cuando eres generoso de forma activa con alguien que no lo es contigo ves el poder verdadero de la bondad de Cristo.

¿Te das cuenta? Cuando tenemos relaciones problemáticas con otros, por lo general construyen un muro para proteger sus corazones. Quizá porque sienten desconfianza o tensión. Se defienden porque anticipan flechas encendidas de enojo, miradas de indiferencia, respuestas inesperadas de sarcasmo, actitudes críticas, que les quieran controlar la vida o que los condenen. Pero, imagínate que tu ira, sarcasmo y tus críticas desaparecen y de pronto te conviertes en alguien bondadoso que anima a la otra persona. Esa acción no derrumba la pared que la otra persona edificó, más bien la derrite. Es como si esas palabras o acciones bondadosas atravesaran las defensas y tocaran sus corazones. La otra persona no te "dejó entrar", solo sucedió así. Porque la bondad tiene ese superpoder. Y es incluso más fuerte cuando proviene de lo que ellos creen una fuente improbable.

Claro, pueden rechazarla, endurecer sus corazones, arrojar al foso lo que haya tocado sus corazones y reconstruir el muro. Pueden ignorarte o llegar a creer lo peor de ti. Pero ese es el meollo del asunto: requiere esfuerzo rechazarte. Si continúas siendo bondadoso, tus acciones seguirán derritiendo ese muro y la otra persona tendrá que seguir reconstruyéndolo.

Por eso vimos que al final muchas personas bajan sus defensas. Empiezan a confiar que, por nuestra constante bondad, hay sinceridad en lo que decimos. Empiezan a creer que quizá no queremos hacer trizas sus corazones. El muro contra nosotros desaparece. Y claro, ahora tenemos la responsabilidad de ser fieles a esa confianza.

La bondad abre puertas cerradas

Algunas personas se encierran en una celda de amargura, vergüenza, agresión o ira, y eso incide en cómo se relacionan con los que los rodean. Uno de los momentos más difíciles para ser bondadosos es también uno de los más poderosos: cuando tratamos bien a alguien que, sin razón, nos trata mal. A diferencia del ejemplo anterior, no hemos sido rudos con alguien ni lo hemos condenado y, sin embargo, nos ataca por igual. Cuando respondemos a la ingratitud con generosidad y a la crueldad con amabilidad, no solo logramos mantener nuestra tranquilidad, sino que transformamos la de ellos. Y con el tiempo estas acciones pueden liberarlos de la prisión en la que estaban atrapados.

Ahora, solo para aclarar, no podemos cambiar la mente o el corazón de otra persona. Solo Dios lo puede hacer. Y estoy convencida de que el gran y misterioso superpoder de la bondad para ablandar un corazón duro o amargado ofrece la prueba visible de que es Dios quien está detrás de todo esto.

Lori lo comprobó en carne propia. Su suegra Peggy era la persona más cascarrabias y criticona que había conocido. Desafortunadamente, debido a que era viuda y sufría de limitaciones físicas, se mudó a vivir con Lori y su marido Evan. Se mudó con ellos cuando llevaban tan solo ocho años de casados y con tres hijos pequeños. Desde el primer día, Peggy criticaba los quehaceres domésticos de Lori, su manera de cocinar y cuidar a sus hijos. Lori y Evan trataron de corregir esto de todas las maneras posibles, incluso estableciendo límites. ("Mamá, si lo que preparo no te gusta, organicémonos y cocina para ti"). Cuando los límites tampoco funcionaron, Lori tuvo que decidir: *¿La dejo que me vuelva loca? ¿O la trato de la manera en que me gustaría que me tratara, aunque no lo hace?*

Decidió orar por ello, le pidió a Dios que le diera fuerzas para lograr lo imposible y se propuso ser bondadosa con su suegra cada día, todos los meses y año tras año. Sin importar lo que Peggy dijera, Lori daba una respuesta cortés. Sin importar qué tan negativa fuera ("¡no puedo creer el berrinche de Sarah en el supermercado!"), Lori se había propuesto ser positiva ("Es difícil cuando un bebé observa algo que quiere, ¿no lo cree? Pero me sentí orgullosa de que los dos mayores fueran tan educados"). Cuando Peggy era cruel ("crías a estos niños en un establo. Merecen algo mejor"), Lori le indicaba que no era correcto expresarse así, pero borraba esas feas palabras de su mente y trataba de seguir como si no hubiera dicho nada.

Lori dijo: "Fui capaz de hacer todo esto solo por una razón… un claro milagro de Dios. Le pedí fuerza y amor. Y me lo concedió. Es la única explicación".

Unos cinco años después, de repente, sucedió un cambio. Lori empezó a notar que Peggy era más amable. En lugar de quejarse por todo, le daba las gracias. Notaba los pequeños gestos de bondad que Lori había hecho y que Peggy jamás había reconocido, mucho menos apreciado. Sonreía más. Escuchaba a un reconocido pastor en la radio y tomaba sus palabras en serio. Un día, les preguntó a Lori y Evan si podían ayudarla a encontrar a Dios.

En pocas semanas, Peggy se volvió una persona diferente. Antes tenía cara de pocos amigos, ahora su rostro denotaba felicidad. Antes, solo se quejaba por sus limitaciones físicas que empeoraban, ahora hablaba de todas las cosas que aún podía hacer.

Evan dijo: "Si alguna vez quisimos la prueba del poder de Jesús para transformar una vida de manera radical, fue esa. Mamá pasó de ser la persona más negativa que he conocido a la más llena de esperanza. De hecho, cada noche, cuando Lori decía "buenas noches, la veo en la mañana", mi madre contestaba "¿qué tienen de buenas?", incluso "tal vez me muera mientras duermo y me libere de ti". Pocas semanas después de la transformación, Lori decía "la veo en la mañana" y mi madre respondía con un tono animado "¡eso espero, eso espero!". Era increíble. Y todo sucedió porque Dios usó la extrema paciencia y bondad de Lori. ¡Simplemente, Lori fue ganando a Peggy por cansancio!".

La bondad distribuye su poder

Hace años vi un personaje de una serie de ciencia ficción que podía transmitir sus superpoderes cuando deliberadamente tocaba a otros. Algunos de ellos podían transferirlo también y así sucesivamente. Como resultado, ese poder empezó a aparecer por todos lados.

La bondad opera de forma parecida. Desata una reacción en cadena. Se duplica a sí misma. Se hace viral. De forma hermosa y milagrosa, se dispersa al transformar a los que toca para que, a su vez, ellos se vuelvan portadores y transmisores. Muchos de los que probaron el Reto de 30 días de bondad describieron que la persona con la que eran buenos de repente se volvió más amable, cariñosa y atenta con los demás. Otros notaron que se volvieron una especie de superportadores: dispersaban bondad en todas direcciones sin proponérselo.

Antes de empezar el Reto de 30 días de bondad, una encuestada anónima describió una difícil situación que tuvo en su lugar de trabajo:

> Hago el Reto de 30 días de bondad para mi supervisora inmediata. Puede llegar a ser manipuladora y pasivo-agresiva. A menudo se lleva el crédito de mi trabajo y me delega todas las responsabilidades que no quiere asumir solo porque puede hacerlo. En la oficina de personal alguien me dijo que mi supervisora me ve como una amenaza y no como parte del equipo. Pero quiero que se sienta menos insegura cuando yo estoy presente. No aspiro quitarle su puesto. Solo deseo tener una relación laboral saludable con ella.

Treinta días después, aunque la situación no estaba resuelta por completo, la persona encuestada dijo: "Ha habido una mejoría notable en la salud general de la relación". Pero entonces nos explicó un efecto secundario: "También noté un gran cambio en la manera en que me relacionaba con los demás. Descubrí que prestaba más atención a cómo demostrar bondad a las personas con las que interactuaba todos los días. Dado que me enfocaba en pensar de qué manera podía involucrarme con mi objetivo del Reto, fue lógico dejar que esto también incluyera a los que me rodeaban".[5]

Mientras leía o escuchaba muchos informes como este, me di cuenta de que cuando dos partes luchan (ya sea en un campo de batalla físico o en el matrimonio, la comunidad, los negocios o la política), esa clase de crueldad indefectiblemente termina hiriendo a espectadores inocentes, consecuencia que se conoce como daño colateral. En cambio, cuando alguien trata de ser bondadoso, también parece que existen beneficios colaterales. Se elige a una persona como objetivo de la bondad y como consecuencia se logra un impacto positivo en muchas otras.

Un hombre lo describió de esta manera: "Con el daño colateral, es imposible identificar a quién afectarán tus acciones. Así mismo, cuando estalla una bomba de bondad, no tienes idea a dónde irá a parar y a quiénes impactará positivamente con su onda expansiva".

La bondad hace visible lo invisible

Cuando empiezas a buscar las distintas formas de ser bondadoso, a menudo significa que debes buscar maneras de elogiar a otra persona. Es un giro interesante, porque si has estado en una relación conflictiva, las cosas negativas se han visto más próximas y quizá hayas visto muy poco o nada de positivo.

Pero hemos descubierto que cuando empiezas a ser bondadoso de manera activa, *buscando* las cosas positivas, lograrás verlas de forma más clara. No son nuevas, han estado ahí todo el tiempo. Es como si las características, acciones, palabras y atributos fueran invisibles y de pronto se revelaran por medio de nuestros actos de bondad.

Más revelador aún es lo que a veces también se manifiesta: las inseguridades y temores internos y ocultos que podrían ser la causa del comportamiento negativo.

Una madre describió una nueva perspectiva que logró obtener mientras ponía en práctica el Reto de 30 días de bondad para su hijo de dieciséis años. "Mi hijo cree que el mundo gira a su alrededor. No es insolente con otras personas, pero sí lo es con la familia. Es un estudiante destacado y le va bien en su trabajo. No es rebelde. Pero en casa es difícil manejar su arrogancia". Y añadió: "Pero ahora, a veces puedo ver qué hay debajo de todo ello. Veo que su actitud tan solo oculta su inseguridad, al igual que sucede con la mayoría de las personas arrogantes. Y también veo ocasiones de las que quizá no me había percatado antes, en las que baja la guardia y me doy cuenta de que sí me ama".

Un joven compartió una historia parecida acerca de su hermano mayor, con quien había tenido una relación tensa. Llegó a la conclusión: "Debajo de esa coraza hay duda e inseguridad. Lo sé. Una vez que logré ver más allá de esa fastidiosa fachada, una vez que traté de hablar y ser bondadoso con esa persona amable que vive ahí dentro, empecé a ver a esa misma persona cada vez más. También empecé a darme cuenta de las cosas buenas que antes no percibía por estar enojado. Marcó una gran diferencia poder ver aquellas cosas positivas y luego poder decir algo acerca de ellas".

La bondad te da más poder

Si hubiera un superpoder que hiciera que quien lo posee fuera mejor y más rápido mientras más lo use, sería la bondad. No sé si esto exista en los cómics, pero es claro en la vida real. Entre más bondad ofreces, más disfrutas de la vida. Y así, sucesivamente, en un ciclo perpetuo.

Hace poco, le pregunté a una de mis mejores amigas cómo iba el matrimonio de su hija, dado que acababan de celebrar su primer aniversario. Luego de reírse, me dijo:

Justo ayer, les hice la misma pregunta. Mi hija comentó: "Es tan bondadoso. Por ejemplo, algunos maridos exigen que sus esposas se vistan con algo sexy y pequeño en la noche. Sin embargo, ahí estoy yo con mi enorme bata, con el cabello envuelto en una toalla, viendo televisión y riéndome, y al lado mío un plato de galletas. Y él solo me sonríe".

Así que le pregunté a su esposo: "¿Explícame cómo puedes ser tan bondadoso en todo?".

Me dijo: "Es fácil. Cuando la veo sentada, tan contenta y riéndose, pienso que soy feliz de que ella lo sea. De algún modo esto debe proyectar una buena imagen de mi persona. Así que saber que estoy haciendo un buen trabajo *me* hace feliz. Si soy bondadoso y esto causa que ambos seamos felices, funciona para todos".

Mi amiga concluyó: "¡Las personas deben saber que hay definitivamente un poco de egoísmo consciente cuando somos bondadosos!".

LA BONDAD REQUIERE UN AUTOSACRIFICIO HEROICO

Por último, debemos reconocer la sencilla realidad que enfrenta todo superhéroe: usar nuestro superpoder requiere autosacrificio, no autoprotección.

Por ejemplo, por instinto muchos intentamos mejorar nuestras vidas exigiendo que se nos trate de manera más justa. Si bien en ciertos aspectos la justicia es una gran meta, insistir en ella rara vez nos hace más felices. De hecho, es al revés, por irónico que parezca. Nuestras vidas y relaciones nunca serán felices sin la bondad. Y *no podemos ser bondadosos sin estar dispuestos a renunciar a nuestros derechos*, es decir, sin autosacrificio.

¿Recuerdas el sermón de Jesús que mencioné en el capítulo anterior? Bueno en ese pasaje Jesús nos decía básicamente esto ¿por qué debemos recibir una palmadita en la espalda si somos amables con alguien que lo es con nosotros? Esa parte es fácil, al fin y al cabo hasta los patanes lo hacen.[6] Lo difícil, dijo Jesús, es ser bondadosos y amables con ese patán. Cuando nos dijo "¡amen a sus enemigos!" y "hagan bien a quienes los odian" Jesús retó a su audiencia (¡y a cada uno de nosotros!) a que hagamos lo mismo. De hecho, la Regla de Oro "Traten a los demás como les gustaría que ellos los trataran a ustedes" proviene de ese momento en el mensaje de Jesús.[7] En contexto, esa famosa frase en esencia significa "Trata a alguien que no es bondadoso contigo de la forma buena y amable en la que te gustaría que te tratara".

Esa persona con quien queremos una buena relación (o al menos una mejor) tal vez no es un completo idiota, a lo mejor él o ella es una gran persona que nos interesa mucho. Pero más allá de cómo es con nosotros, Jesús nos exhorta a tratarlo bien y de manera bondadosa. No solo porque eso honra a Dios sino porque ese sacrificio tiene poder.

La amabilidad es el resultado implícito de la Regla de Oro. Y el poder de la bondad es un prerrequisito para transformar las relaciones.

Tal vez tengas dudas sobre este concepto o, incluso, te preocupe que la bondad pueda librar a la gente de las consecuencias, cuando en vez de eso se necesita mano dura. Veremos esas preocupaciones a continuación.

3

¿Será que la bondad es el enfoque equivocado?
Y otras preocupaciones

No es de extrañar que tengamos algunas dudas acerca de lo dicho hasta ahora. Examinemos de manera breve algunas de las preocupaciones comunes.

¿ACASO OTROS FACTORES SON TAN IMPORTANTES COMO LA BONDAD?

Quizá te hayas preguntado si la bondad es en realidad un prerrequisito para tener mejores relaciones. ¿No importan también otros factores? Sí ¡claro! No es la única cualidad necesaria para mejorar nuestras relaciones. Después de todo gasté diez años y cientos de miles de dólares investigando el *conocimiento* perdido que requerimos para darle a otros lo que necesitan y que es crucial para lograr buenas relaciones. El conocimiento y la bondad van de la mano. Ser bondadoso no tiene valor si tratas de serlo en los aspectos incorrectos. Y saber qué hacer no sirve de nada si no lo haces con bondad.

Profundizaremos en esto un poco más en el capítulo 7, pero aquí hay un ejemplo. Una esposa puede estar resuelta a decirle a su marido "te amo" varias veces al día. Pero si lo que en realidad él necesita es sentirse valorado (por ejemplo, por haber reparado el fregadero de la cocina) y ella sin querer demuestra lo contrario ("¿si estabas reparando el fregadero, por qué no instalaste un grifo nuevo?") ¡su esfuerzo de bondad no dará en el blanco! O supongamos que un marido sabe que su esposa necesita sentirse que le prestan atención, y lo hace, pero de forma despersonalizada y con prisa, presionando para que llegue al grano, su esfuerzo tampoco servirá de nada.

Lo que vemos en la investigación es una profunda realidad: la bondad no es el único factor que importa, pero no puedes mejorar una relación, una dinámica grupal o una cultura sin ella, punto.

¿Por qué? Bueno, dos personas forman una relación. No puedes cambiar al otro, solo a ti. Ya lo mencioné, ser bondadoso *impacta a la otra persona* y te *cambia a ti*. Además, como demostraremos en las próximas páginas, mientras más bondadoso seas, más bondadoso desearás ser. Y entonces ¡tu bondad hará que, por lo general, la otra persona desee ser transformada! Ese cambio de corazón muchas veces los lleva a modificar cómo interactúan con los demás, a ser más bondadosos. Y así sucesivamente en un ciclo de virtud. En la tabla de la siguiente página verás que tres de cada cuatro que cumplieron el Reto de 30 días de bondad para su pareja afectiva (y dos de cada tres que lo hicieron para cualquier otra clase de relación) dijeron que, aunque ellos cumplieron con el trabajo duro, ¡notaron que sus objetivos cambiaron para bien!

Esto es tan solo un ejemplo de cómo las personas mejoran y cambian cuando reciben bondad. De una forma u otra, casi siempre se logra un impacto. Pero sé que quedan algunas preguntas o dudas. Examinemos de forma breve un par de las más comunes.

¿SERÁ QUE LA BONDAD ES EL ENFOQUE EQUIVOCADO?

En una sesión de grupo, un hombre de negocios expresó una duda común de la siguiente manera: "¿Es realmente la bondad requisito indispensable? Muchas veces sí, incluso en la mayoría de ellas. ¿Pero siempre? No. Por ejemplo, el mecánico de coches que te mintió y estafó… no necesitas ser bondadoso con él. Debes confrontarlo.

Entonces parece que la bondad es el principio para las relaciones interpersonales, no para las profesionales o comerciales. No es la cura para todas las situaciones".

Otra persona añadió: "Sí, pero al confrontar a la persona, puedes y debes ser bondadoso en lugar de cruel. El mecánico ya te estafó, no permitas que también te robe la tranquilidad emocional. Incluso si lo enfrentas de forma clara y directa, tu bondad ahora se extiende a personas que no conoces, porque al hablar con él de forma amable, tal vez no vuelva a estafar".

Tú cambias, ellos cambian Piensa en el desarrollo de tu pareja como persona. En los últimos meses ¿crees que ha cambiado para bien o para mal?	
"Creo que…"	
Cambió un poco para bien	35%
Cambió mucho para bien	39%
Cambió para bien	**74%**
Es el mismo/no hubo cambios	23%
Sin cambios	**23%**
Cambió un poco para mal	1%
Cambió mucho para mal	2%
Cambió para mal	**3%**
Total	**100%**

Recuerda, este hábito crea buenas relaciones con las personas importantes en nuestras vidas ¡quizá no creas que afecta al mecánico deshonesto! Aunque, para mí, sí lo hace. Siento el peso de la responsabilidad de cumplir el mandato de Dios "ama a tus enemigos", así como su consejo: "Si es posible, y en cuanto dependa de ustedes, vivan en paz con todos"[8]. Esto significa que debo manejar la situación con la mayor bondad posible al hablar con el mecánico deshonesto… o con el exasperante telefonista de atención al cliente que se tarda una hora en resolver un problema de mi cuenta bancaria que era asunto de diez minutos… o el conductor irresponsable que me cerró el paso en la autopista…

Mmmm… claro que sigo trabajando en esto.

¿Y CUÁNDO ES MEJOR USAR LA FUERZA?

¿Pero habrá casos en los que la bondad socave los esfuerzos para mejorar una relación? Después de todo, en relaciones problemáticas ¿acaso no se requiere de disciplina, fuerza, límites e incluso palabras severas? Sí. Pero *si estas acciones son de verdad necesarias*, entonces, por lo general, el gesto bondadoso será expresar esas palabras y acciones con amabilidad.

Aquí debemos resaltar una diferencia crucial: ser bondadoso no es lo mismo que ser amigable, conservar la paz y mantener la nave a flote. No hay nada malo en ello, puede generar un ambiente mucho más placentero, pero es más superficial que ser bondadoso.

La bondad se preocupa por los intereses más importantes de los demás y no le teme a los retos. En cambio, la motivación para ser amigable puede o no nacer de un interés profundo por la otra persona. De hecho, cuando esa es nuestra meta podemos evitar el conflicto fácilmente, porque nuestra prioridad es mantener una atmósfera placentera en lugar de enfocarnos en los problemas que necesitan atención. Un hombre de negocios lo dijo de la siguiente manera:

Diría que ser amigable es un derivado de la bondad, pero no es la meta en sí. La bondad desafiará a los demás cuando vea que algo está mal, pero con dulzura y esperanza. Ser amigable evita las conversaciones difíciles porque pueden generar conflicto. Esa es una de las razones por la que muchas personas creen que ser amigable es una máscara falsa. Pero la bondad genuina se encuentra al extremo opuesto de la falsedad. Requiere honestidad y esfuerzo.

Por ejemplo, imagina que estás desesperado porque tu hijo adulto se niega a recibir tratamiento para su alcoholismo. Rehusarte a disculparlo o a darle una mano en su más reciente aprieto realmente puede parecer cruel en el momento, pero no lo es. O si tu colega es demasiado duro con otros compañeros de trabajo, diciéndoles las verdades o exigiendo demasiada disciplina, puede verse como algo malo, pero no lo es. En la mayoría de los casos, *no* hacer esas cosas permitiría que las personas se destruyeran y pusieran en riesgo algo de mayor importancia (su matrimonio, amistades, trabajo, etc.). Si conoces algo que deba cambiar, no por tu bien, sino por el de ellos, entonces Dave Ramsey dice muchas veces: "No ser claro es no ser bondadoso".

Además, dar estos pasos firmes es muchas veces el único medio para prevenir la crueldad hacia otros.

El verdadero asunto no es si te involucras o no en una situación difícil. Lo que te hace actuar con bondad o sin ella es cómo te expresas. Recuerda las metas: mejorar la relación y lograr un cambio de corazón. Si las medidas que tomas no son sencillamente para hacer sentir mal a la otra persona o borrarla de tu vida, entonces debes tomarlas con mucho cuidado. ¡Combatir maldad con maldad anula el propósito! O peor, cualquier cosa que hagas a causa de tu frustración, dolor o ira es probable que propicie solamente una actitud defensiva y empeore la relación.

Entonces la respuesta es sí, rehúsate a rescatar a la hija pródiga después de su tercer accidente de coche. Pero déjale saber bien claro: "Te ayudaré a conseguir un trabajo para que puedas pagar las reparaciones". Enfrenta a tu colega por sus duras palabras, dile que son inapropiadas y que si vuelve a hacerlo necesitarás reportarlo con la oficina de personal, pero actúa siempre con calma, respeto de principio a fin y agrega una frase como: "Sé que no es tu intención ser cruel".

Simplemente pregúntate: *Si estuviera en el pellejo de esa persona ¿qué acercamiento sería el mejor no solo para abrirme los ojos, sino también para cambiar mi corazón?*

SI AL PRINCIPIO NO TIENES ÉXITO...

Aunque la bondad es esencial para cualquier relación que queremos mejorar, ya hemos visto varias formas en que el proceso no funciona. Somos seres imperfectos y no siempre hacemos las cosas bien. A pesar de nuestras mejores intenciones, podemos ser hostiles. Tal vez no demostramos afecto, somos groseros, pensamos lo peor de las buenas intenciones, nos aferramos a no perdonar, aplicamos límites incorrectos, etc. Es probable que la otra persona nunca se acerque al punto de querer cambiar. Incluso si lo hace, quizá no entienda las cosas correctas que hay que hacer y trate todo tipo de acciones que no importan o no funcionan. O tal vez nosotros intentemos transformaciones inútiles o sin importancia. Las posibilidades de romper el ciclo virtuoso son infinitas.

Pero en la mayoría de los casos, la bondad sí funciona. ¿Por qué? Bueno, bromeamos con que es un superpoder, pero de verdad creo que hay algo profundo y supernatural que sucede a través de ella, algo que proviene de Dios cuando usa nuestras palabras y acciones de forma única y especial. Cuando estamos dispuestos a desenfocarnos de nuestras propias vidas, a renunciar a nuestros derechos, negocios, heridas, frustraciones e irritaciones, y a brindar a los demás lo que la Biblia llama bondad amorosa, la situación cambia. La gente cambia.

Después de todo, según la Biblia, Dios tiene un número casi inconcebible de atributos, pero de todos ellos, su bondad se describe como la cualidad que toca nuestros corazones, nos lleva a sentirnos mal por nuestros errores y nos guía a un cambio verdadero. Tal como el apóstol Pablo escribió a la iglesia de Roma "¿No te das cuenta de lo bondadoso, tolerante y paciente que es Dios contigo?... ¿No ves que la bondad de Dios es para guiarte a que te arrepientas y abandones tu pecado?".[9]

Así es Dios con nosotros. Y nos pide que seamos así con los demás.

4

Practica la bondad
Ponla a trabajar

Este es el momento de dejar a un lado el manual de bondad y descubrir cómo funciona en la práctica. Ya vimos sus superpoderes, ahora necesitamos saber cómo usarlos.

La bondad no es un tipo de idea esotérica que flota en el éter, es una herramienta súper práctica. Como una herramienta eléctrica, por así decirlo. Así como harías con cualquier herramienta específica que uses, ya sea para reparar una casa o para medir la habilidad lectora de un estudiante o para aplicar una medicina en la dosis correcta, necesitas conocer en detalle cómo funciona este método de la bondad en la práctica para que puedas sacarle el mayor provecho, tanto para metas a corto plazo (el Reto de 30 días de bondad) como a largo plazo (crear un nuevo estilo de vida basado en ella).

Así que te ofrecemos ocho principios de cómo funciona la bondad para la mayoría de la gente y en casi todas las situaciones.

1. LA BONDAD NO OCURRE DE MANERA NATURAL

Somos gente ocupada que vive en un mundo estresante. Así que, si no tenemos un propósito entre manos sobre algún asunto importante como, por ejemplo, mejorar las relaciones, no le dedicaremos interés alguno. O no sabremos qué hacer. Es muy fácil no hacer nada y esperar que las cosas mejoren por sí solas. Nuestro programa predeterminado es la inercia. Y como somos imperfectos, por lo general ¡gana la inercia!

Así como dijo una mujer antes de empezar el Reto de 30 días de bondad: "Me di cuenta de que debo encontrar maneras de ser bondadosa porque estoy segura de que no me nacerá de forma natural".

Si queremos ser bondadosos, la única alternativa es decidir serlo. Piensa en cualquier otra cosa que haces y que es esencial para seguir funcionando diariamente. Por ejemplo, ponerle gasolina al coche, comprar alimentos, hacer la tarea, cambiarle el pañal a tu bebé (muy esencial), pagar el alquiler. En cada área, aprendiste que si no haces todas esas cosas esenciales habrá consecuencias negativas. Así que planeas estas acciones y te propones realizarlas de forma constante. Dicho de otra manera, decides hacerlas.

Algo similar sucede con la bondad. Debes tomar la decisión de evitar el dolor. Mejor aún, tal como lo había mencionado anteriormente, si tienes la resolución de actuar con bondad, te sorprenderás de cuánto más llegarás a amar tu propia vida.

¿Pero qué pasa si no *quieres* decidirte? ¿Qué sucede si en realidad (y de manera honesta) no quieres ser bondadoso en esa relación en particular, aun cuando sabes que deberías serlo?

Una amiga mía proviene de una situación difícil y aun así posee la mejor actitud. Siempre se ríe, alienta a los demás, ora por la gente, se ha ganado una buena fama popular y ha logrado ocupar muchos puestos influyentes en programas a nivel nacional no solo porque es inteligente, capaz y divertida, sino también porque es bondadosa.

Hace poco, hablé con ella durante el desayuno de una conferencia. Comentamos un poco acerca de este libro y le pregunté: "¿Cuál es tu secreto?". Me respondió sin titubear:

A menudo, tengo la oportunidad de aconsejar a mujeres cuyos matrimonios atraviesan por problemas o cuyas vidas o negocios se desintegran. Les digo que recuerden una cosa y se lo repitan una y otra vez: la obediencia va por delante de la emoción.

¿Qué es lo que te pide Dios? Hazlo. Aunque no lo sientas. Pues lo *sentirás* después.

Hace solo dos días una joven me dijo: "No puedo perdonar a mi esposo". Tienen fuertes problemas. Pero debe perdonar a su marido o todo se destruirá. Y honestamente, ella no contribuye mucho a la solución del asunto debido a su enfoque y porque habla de ellos sin parar. Le respondí: "Te entiendo y tienes razón, es probable que no puedas perdonarlo tú sola. Te has quedado sin combustible. Así que necesitas invitar al poder del Espíritu Santo lo antes posible. Es tu gasolina. Tiene que llenar tu tanque incluso antes de iniciar el camino hacia el perdón".

Ella contestó: "Está bien, pero ¿y después qué?". Le conté la versión de Elly May Clampett: "Después cierras el pico, pues estás saboteando a tu marido, tu matrimonio y tu propio corazón con cada palabra de frustración que le dices a él y a los demás. Entre más negativa seas, más difícil será perdonar. ¿Y adivina qué? Entre más vivas el presente y más dejes que tu obediencia a Dios vaya delante de tus emociones, será cada vez más fácil. Tal vez por ahora no estés con ánimo de amarlo, ser bondadosa y orar por él, pero solo hazlo".

He tenido muchos problemas en mi matrimonio y en mi vida. Sé que funciona. Tu decisión inicia el proceso. Le dije: "Tienes que empezar en algún lugar… y es este. Debes estar dispuesta a escuchar, a perdonar y ser bondadosa". Ella contestó: "¡Pero todo esto no lo cambia!". Y comenté: "Tienes razón. Pero *tú* eres la que está cambiando. Y la transformación de tu corazón es capaz de cambiar la atmósfera a tu alrededor. Y entonces, *eso* cambia el corazón de tu marido, casi siempre".

2. HAY UNA FORMA DE HACERLO, PERO HAY OTRA MEJOR

Un consejero matrimonial me comentó que hay esta creencia común entre sus colegas: "No importa lo que hagas, siempre y cuando inicies un esfuerzo decidido a hacer *algo* positivo. Muchos programas funcionan y su nivel de eficacia está relacionado con el tiempo dedicado al proceso de cambio".

Con todo respeto, basada en los resultados de mis encuestas, no estoy de acuerdo con ese comentario. Hay una forma de usar el método de la bondad que produce una diferencia razonable, pero hay otra forma que produce una *gran* diferencia. Si bien es cierto que "solo hacer algo" es crucial si nos sacude los patrones establecidos y nos da unos mejores, descubrí que muchas personas ya están haciendo algo. Por ejemplo, como mencioné en el capítulo 3, se esfuerzan, pero no ven resultados suficientes porque se enfocan en las áreas equivocadas (o en áreas buenas pero no las mejores).

Pero el esfuerzo diario en cada una de las tres áreas de bondad (no decir nada negativo, practicar el elogio y hacer pequeños actos de bondad) es una de las mejores prácticas que producen una diferencia perceptible en el resultado de las relaciones. Notarás que muchas de las personas que hacen el Reto de 30 días de bondad eligen recibir un recordatorio por correo electrónico con un consejo diario como una idea opcional para mantener fluyendo la creatividad. Por ejemplo, un buen indicio para que realices un acto de bondad podría ser: "Identifica alguna tarea rutinaria o quehacer que le disguste hacer a la otra persona (sacar la ropa de la lavadora, cambiar los cartuchos de la impresora en la oficina, limpiar el gimnasio al final del día) y hazla por ella hoy mismo". Hemos notado que algunas personas tienden a enfocarse primero en los consejos diarios, mientras que otras primero consideran los tres elementos del Reto, sin importar que sigan o no los consejos.

Los resultados de las encuestas mostraron bastante diferencia entre esos dos grupos. Entre los que se enfocaron en los consejos diarios y, por tanto, tomaron la decisión de hacer o decir algo bondadoso, hubo un buen nivel de mejoría. Pero quienes practicaron los tres elementos del Reto de 30 días de bondad, incluso sin los consejos, tuvieron una mejoría impresionante. Por poner un ejemplo, entre los que se encuentran en relaciones románticas lejos de ser perfectas, cuando se enfocaron principalmente en los consejos del día, el 55 por ciento mejoró. De los que hicieron el Reto, el 74 por ciento mejoró ¡19 puntos más!

Este resultado fue típico. Casi siempre vimos de quince a veinte puntos de diferencia (o más) entre los dos grupos en toda clase de pruebas: eran más propensos a ser felices, a sentirse apreciados, incluso a mejorar su vida sexual si hacían el Reto, usaran o no los consejos.

Ahora, quiero hacer una aclaración: si enfocarte en los consejos diarios te ayuda a empezar, te da energía y motivación para continuar ¡no hay nada de malo en hacer el Reto de 30 días de bondad de esa manera! Si eso te funciona ¡hazlo! En particular, muchos hombres consideran que lograrán empezar con mayor éxito si usan los consejos diarios, y tratarán de enfocarse en los tres elementos de la bondad a medida que van avanzando. Toma la decisión que sea más eficaz para *ti*.

3. TODO LO QUE ENTRE EN TU MENTE, ASÍ MISMO SALDRÁ

Es una verdad universal: todo lo que escuches, tarde o temprano saldrá de tu boca. O también, si lees libros plagados de sátiras hirientes, es probable que seas más sarcástico, porque parece normal, aceptable y lo tienes fresco en la mente. Por otro lado, si escuchas *podcasts* inspiradores, es probable que seas más optimista y alientes a los demás cuando hablas.

Mientras realizaba esta investigación, escuché muchas veces que las personas a las que les gustaba ver comentarios acalorados de política en la tele se volvían personas alteradas. Un hombre lo describió de esta manera: "Tuve que dejar de ver esos programas de la tele. Noté que me alteraba y estaba a la defensiva con mi familia y amigos, y no sabía por qué. Después me di cuenta: ¡Todo lo que veo es gente alterada y a la defensiva!".

Afortunadamente, si logras cambiar lo que entra en tu mente, cambiarás lo que sale de tu boca. Uno de nuestros viejos amigos siempre ha tenido convicciones políticas de extrema derecha. De hecho, tan radicales que, aunque se comporta de manera razonable en todas las demás áreas de la vida y los negocios, es desagradable e incómodo conversar con él sobre política porque está en total desacuerdo con todo lo que tenga que ver con opiniones políticas más moderadas. Si bien tiendo a posturas conservadoras, he promovido y adoptado posiciones políticas tanto de un lado como del otro, y me preocupa bastante el grado de polarización en el que se encuentra nuestro país. Así que durante años no hablé con él de política.

Sin embargo, hace poco Jeff y yo nos reunimos con este amigo para tomar un café. Mientras le describía el tema de *El poder de la bondad*, nos dijo: "Es un tema necesario. Necesitamos mejorar el respeto y las normas de convivencia en nuestro país. Me parece que hemos retrocedido. Me parece que yo he retrocedido. Tal vez no te has enterado, pero el año pasado me di cuenta de que era muy negativo con respecto al otro partido político. Me di cuenta de que debía ser más bondadoso con ellos. Así que decidí tomar medidas al respecto".

Fascinada por su respuesta, le pregunté: "¿Qué hiciste?"

"Tomé clases de cómo ser un buen demócrata".

"¿Clases de *qué*?".

Sonrió. "Tomé clases de cómo ser un buen demócrata. Asistí a una serie de reuniones organizadas por el Partido Demócrata para ayudar a sus partidarios a que comprendan cómo pueden ejercer influencia en la promulgación de leyes y demás asuntos. Fui a escuchar y tratar de entender sus posturas políticas". Sonrió con actitud de remordimiento. "No es una historia de éxito total. No tuvo un gran impacto en mis posturas del mundo. Pero me di cuenta de que me hizo mucho menos recalcitrante cuando me relaciono con los demás".

Desde ese café que compartimos, Jeff y yo lo hemos visto muchas veces más y, aunque estamos en temporada de elecciones presidenciales mientras escribo este libro y los temas de política han resaltado muchas veces, no he escuchado ni una vez que nuestro amigo mencione una palabra negativa sobre aquellos con los que está en total desacuerdo. Expresará de forma clara su oposición con varias posturas políticas, pero vive el adagio de desagradar sin ser desagradable. Ya que su meta fue ser menos negativo y más bondadoso ¡yo diría que ha tenido éxito!

4. EN LO QUE TE ENFOQUES, ESO MISMO VERÁS

Hay otro principio relacionado que no trata de lo externo (lo que digas) sino lo interno (lo que veas). Todo lo que conviertas en tu foco de atención, tendrá un impacto en lo que observes a tu alrededor. Dicho de otro modo, te darás cuenta cada vez más de las cosas en las que te has estado enfocando o viceversa, cada vez menos de las cosas que te niegas a ver.

Lo bueno de esta característica del método de la bondad es que *¡ofrece su propio incentivo para que la uses!* Si quieres mejorar tu relación con alguien, concéntrate en las cosas que ya te gustan y valoras de ella. Te darás cuenta de que verás esas cosas cada vez más, lo cual producirá en ti el deseo de ser más bondadoso.

Desafortunadamente, ocurre también lo contrario.

Llevo muchos años investigando el divorcio desde distintos ángulos, muy de cerca con amigos que han sufrido esto en carne propia y no tan lejos en mi calidad de investigadora. Me he dado cuenta de que en los casos de divorcios conflictivos, una o ambas partes han llegado a convencerse de que su pareja sufre cierta clase de desorden de la personalidad u otro problema psicológico y emocional ("¡Uy, claro que es un psicópata! Te cuento lo que hizo el otro día…").

Ahora, quizá estos divorcios conflictivos sucedieron porque uno de los cónyuges sufría de cierto problema psicológico. Pero, estadísticamente hablando, lo dudo mucho. Entrevisté a un experimentado abogado especialista en este tema y me dijo lo siguiente:

> Por lo general, represento a la parte que *no* quiere el divorcio. Entre la parejas litigantes, más del 90 por ciento ofreció cierta clase de argumento sobre cómo mi cliente sufría de un desorden psicológico, porque estaban tratando de justificar el divorcio o de lograr la custodia de los hijos. El trastorno límite de la personalidad [TLP] es un argumento muy común. Por supuesto, el porcentaje real de TLP en la sociedad es ínfimo, pero estas personas llegan a un nivel tan alto de ira contra el esposo o la esposa que lo único que logran ver es una conducta negativa e irresponsable. Y si se permitieran ver lo bueno en su pareja, no se sentirían tan justificados con el divorcio. Así que, a estas alturas, es muy común ver que esto suceda. Es muy triste.
>
> Lo interesante de esto es que también he visto algunas parejas llegar a reconciliarse, incluso en esta etapa. Siempre estoy al tanto de esta oportunidad, pues muchos se arrepienten del divorcio años después. Pero el asunto principal que lleva a la reconciliación es el cambio de perspectiva de uno de los cónyuges. Es muy raro que la situación cambie por sí sola, es más un asunto de lo que están dispuestos a percibir. Y una vez que deciden ver las cosas buenas, empiezan a notarlas aún más; por lo tanto, la situación luce más equilibrada y optimista.

5. LO QUE PIENSAS, ESO MISMO DIRÁS

¿Sabías que las personas pueden oír lo que piensas? ¿Cómo? Porque lo que piensas es lo que en algún momento saldrá de tu boca. Piensa cosas buenas y, por lo general, lo que saldrá será amable y bueno.

Piensa en algo frustrante, molesto e irritante y te garantizo que eso expresarás.

Vimos esto de forma graciosa en nuestro propio hogar. Un fin de semana, Jeff salió a una de sus caminatas habituales por el Sendero de los Apalaches y dejé que nuestra hija, de entonces catorce años, durmiera conmigo. Ambas estábamos agotadas, así que se durmió enseguida mientras yo leía un libro en la tableta durante quince minutos antes de apagarla. Cuando el brillo de la pantalla desapareció, escuché a mi lado una voz malhumorada e irrespetuosa: "¡Por fin dejaste de leer y apagaste esa luz para que pueda dormir!"

Me quedé estupefacta (pues el tono de voz dejó claro que no era broma), volteé a mirarla... y vi que ya estaba dormida ¡Habló dormida! Pude entender mejor la situación, pues ella nunca habría usado ese tono de voz si estuviera consciente. (Bueno... casi nunca).

Al día siguiente, cuando le pregunté, no se acordaba. Después me miró como si quisiera decirme algo. Por fin me dijo: "Mmmm... nunca te lo diría en voz alta, pero a veces lo pienso. Supongo que se me salió".

Funciona de la misma manera con todos los demás. Si nos permitimos tener pensamientos malhumorados, irritables o poco bondadosos, estos buscarán la forma de salir de nuestra boca.

6. LO QUE DIGAS Y HAGAS, ESO MISMO SENTIRÁS

A partir de lo que hemos dicho hasta ahora, se sobreentiende que lo que digas y hagas dará forma a lo que sientas. En otras palabras, cuando actúes con bondad, respeto, amor y una actitud positiva empezarás a *querer* ser bondadoso, respetuoso, amoroso y positivo. Esta es una de las razones principales por las que el Reto de 30 días de bondad produce tan buenos resultados para mejorar las relaciones difíciles.

Ahora me doy cuenta de que podría ser fácil descartar la idea de una bondad y positividad sistemática como algo ingenuo e impráctico. Por ejemplo, solía usar la expresión "no quiero sonar como Pollyana" para luego voltear los ojos ante niveles irreales de optimismo. De hecho, después leí la novela *Pollyanna* de Eleanor H. Porter. Se trata de la historia de una niña que transforma su mundo rehusándose a ser negativa (aunque las circunstancias sí lo sean) y en cambio decide mantenerse siempre alegre. Su padre misionero logró modelar esa perspectiva de la vida a pesar de que carecía de muchos bienes materiales. Se tomó muy en serio el mandamiento bíblico que dice que debemos regocijarnos por todo, incluso lo que es difícil.

Me sonaba a algo conocido.

En la carta que el Apóstol Pablo escribió a la iglesia de la antigua ciudad de Filipos, le ruega a dos dirigentes de la iglesia que resuelvan lo que parece ser un desacuerdo o conflicto de personalidad muy serio y conocido. Les dice: "Estén siempre llenos de alegría en el Señor" y "que todo el mundo vea que son considerados en todo lo que hacen". Y luego les explica (¡y a nosotros también!) cómo lograr estos dos resultados: por medio de las oraciones y el agradecimiento a Dios en lugar de preocuparse y enfocándose con determinación en lo positivo. Tal como Pablo escribe en su conclusión: "Concéntrense en todo lo que es verdadero, todo lo honorable, todo lo justo, todo lo puro, todo lo bello y todo lo admirable. Piensen en cosas excelentes y dignas de alabanza".[10]

Tal como se dijo en el capítulo 1, si fijas tus pensamientos y palabras en lo que *no* es correcto, en lo que te causa irritación, estarás más irritado e irritable. Pero si lo evitas y, en lugar de eso, fijas tus pensamientos en lo que *es* correcto, serás mucho más feliz y más amable.

Resulta que comportarse como Pollyana es elegir ver el mundo a través de anteojos teñidos de bondad. Y además es una buena receta para mejorar cómo nos sentimos acerca de alguna situación.

7. LA BONDAD ES CONTAGIOSA: SI ERES BONDADOSO, LOS DEMÁS TAMBIÉN LO SERÁN

Durante años la ciencia ha sabido que la risa es contagiosa: si le sonríes a alguien, te sonreirá de vuelta. No hace mucho descubrieron al menos una posible causa, un fenómeno en el cerebro conocido como neuronas espejo. Parece que estas pequeñas células nos dan una empatía inconsciente automática y conexión, por ejemplo, con la amiga que sonríe mientras te cuenta las travesuras de su hijo, el indigente que se asombra del plato de comida que le sirves o la persona que empieza a emocionarse mientras te cuenta la pérdida de un ser querido.[11] Uno de los resultados de esta neurología es: la manera en que tratamos a los demás tiende a activar la manera en que nos tratan. Si les fruncimos el ceño, ellos también lo harán.

En 2009, el gobierno de Francia se tambaleaba a causa de una caída del 17 por ciento en el flujo de turistas en tan solo un año. Encuestas de la agencia de viajes TripAdvisor revelaban desde hacía tiempo que los visitantes de París percibían a sus residentes como hostiles y poco amigables. Y de pronto, con la preocupación y el estrés de la recesión global, los turistas querían visitar lugares más amigables. Así que el gobierno francés decidió actuar según los avances de la neurociencia: contrataron personas cuyo trabajo consistía en sonreír a los demás en las esquinas de las calles.[12]

No es broma.

Esperaban que estos "embajadores de la sonrisa" revirtieran la tendencia y ayudaran a atraer más turistas, pero desafortunadamente fueron como pocas gotas en un cubo muy grande. Para lograr un cambio mayor, el gobierno imploró a los residentes, por el bien de la economía nacional (de la que el turismo es una gran parte), que al menos fueran educados y amables con los visitantes. Los resultados mostraron que el mensaje había sido escuchado. En 2013 París fue ascendido al lugar número uno de los destinos predilectos de TripAdvisor.[13] Solo el tiempo dirá si el esfuerzo de bondad se esparcirá.

Pero si se concentran en eso, debe suceder. Porque la bondad es contagiosa.

8. LA PRÁCTICA HACE AL MAESTRO: LA BONDAD DEBE SER UN HÁBITO QUE SE CONVIERTA EN UN ESTILO DE VIDA

Ser consistentemente bondadoso debe convertirse en un hábito. Si no sucede así, fijo que volveremos a nuestras antiguas costumbres (ver el principio 1) y la inercia tomará el control. Para crear un hábito, la repetición es muy importante. (Malas noticias para los que me preguntan: "Mmmm, ¿no tienes un Reto de 2 días de bondad?"). Pero en cuanto la bondad se convierta en hábito verás oportunidades para ejercerla por doquier.

El pasado Día de la Independencia (4 de julio), nuestra familia se encontraba en la feria rural del pueblo donde mis padres vivieron desde que se jubilaron. Se trata de un evento popular con juegos, música, venta de comida, grandes toboganes inflables, competencia de obstáculos y, por supuesto, los fuegos artificiales al anochecer. Estaba en la fila con mi hijo de doce años esperando su turno para que subiera al enorme tobogán Cliff Hanger, cuando oímos un grito espantoso en la parte más alta. Una pequeña niña de cuatro años subió y quedó atascada, tenía demasiado miedo para deslizarse. Después de varios intentos fallidos de persuadirla, su padre emprendió la complicada subida (para un adulto) al tobogán, con una multitud de, al menos, cuarenta personas en silencio y mirando desde abajo. De pronto una mujer a mi lado me comentó: "Creo que esto es lo más adorable que haya visto". Volteó hacia toda la gente a su alrededor y les dijo: "¡Cuando baje, aplaudimos! ¡Espero que todos lo hagan!".

Allá en lo alto, el padre tomó a su pequeña y llorosa hija entre los brazos; ella escondió su carita en el hombro de su papá y se abrazó a su cuello; él empezó a descender con mucho cuidado la escalera casi vertical sosteniendo a su hija como si fuera una mochila delantera. Y a una voz la multitud empezó a aplaudir y vitorear. Él estaba sorprendido, después empezó a sonreír. Se podría decir que los elogios le alegraron el día.

Luego de que pasara toda la conmoción, le pregunté a la mujer: "¿Es tu esposo?".

"No, no," dijo con una risa. "Solo trato de mantener el hábito de alentar a las personas ¿sabes? Debe convertirse en un hábito. De otra forma no sucede".

Debe convertirse en un hábito. De otra forma no sucede. Es cierto. Estaba parada ahí en la base del tobogán con otras treinta y nueve personas y solo *una* sacó un tema que debió haber estado en la mente de todos, pero no estaba.

Lo bueno es que, si *repites* la bondad, será fácil establecer el nuevo hábito porque las recompensas son enormes. La mayoría de las personas prefiere una vida donde la bondad destaca. Así que desarrolla el hábito y después conviértelo en un estilo de vida.

El problema es que muchos *ya* hemos construido toda una serie de hábitos que ni siquiera sabemos que tenemos. Y, sin darnos cuenta, ¡muchos de ellos no son bondadosos! o interfieren con nuestra habilidad de serlo. Como veremos en el siguiente capítulo, tenemos que prestar atención a todos esos malos hábitos invisibles antes de convertirnos en personas cuyas vidas estén marcadas por los buenos hábitos.

5

¿Consideras que sabes cómo ser bondadoso? Reconsidéralo

Abre los ojos a la bondad

Casi todos creemos que ya somos bondadosos, que actuamos con bondad de manera frecuente y que, muchas gracias, pero no necesitamos el recordatorio. O, por lo menos, que *no* somos desconsiderados.

Sin embargo, he descubierto en mi investigación que normalmente vivimos una ilusión. En realidad no somos tan bondadosos como creemos. Es algo parecido a la tendencia que tengo a decirme: "Hace como unos tres o cuatro meses que cambié el aceite del coche" y luego verifico y descubro que ¡fue hace un año!

Descubrimos esta ilusión en particular cuando encuestábamos a los participantes del Reto de 30 días de bondad. Fue algo divertido. Antes de que nuestros participantes empezaran con el reto, leían una pregunta de la encuesta y respondían (por ejemplo): "Claro que sí, le digo muchas veces a mi esposa que la aprecio. Lo hago más de una vez al día". Pero, cuando realmente empiezan con el Reto se dan cuenta, *¡Madre mía, no es cierto! ¡Solo le digo a mi esposa que la aprecio una o dos veces a la semana!* Entonces los participantes se esforzarán para demostrar aprecio con mayor frecuencia y, al final de los treinta días, finalmente llegarán a lo cierto, donde inicialmente creyeron estar en teoría.

Pero así como el cambio de conducta fue profundo, lo fue también la razón de hacerlo: casi todo el grupo de participantes repentinamente había tomado mayor *consciencia*.

Ahora veo

¿Tomaste mayor consciencia de las cosas que hacías o no hacías, que impactaban a tu pareja de forma negativa y que no habías notado antes?

Sí, tomé más consciencia	95%
No, mi consciencia no cambió	0%
No aplica porque ya era consciente de lo que hacía o no hacía en mi relación	5%

Afortunadamente, una vez que nuestros ojos se abren a otra perspectiva y aprendemos ciertas cosas (los detalles los abordaremos en los siguientes capítulos), se nos presenta todo un mundo de oportunidades. De pronto, descubrimos nuestra aptitud verdadera para actuar con bondad o la falta de ella. Aprendemos a evitar el uso de palabras y acciones desconsideradas, cuya presencia no habíamos notado anteriormente. Y sabemos cuáles acciones son las que producirán un mayor mejoría en nuestras relaciones.

Desde luego, también hay gente que a menudo es plenamente consciente de su ceguera. He tenido la oportunidad de conversar con más de un padre de familia, cónyuge o jefe que anda en búsqueda de soluciones porque reconocen que la relación está en aprietos y que no han dado a su hijo, pareja o empleado lo cada una de esas personas necesita. De hecho, viéndolo desde cierto ángulo, estas personas se encuentran en un mejor punto de partida porque han reconocido sus puntos ciegos. Han tomado bastante consciencia de que desconocen cómo actuar con bondad de forma tal que puedan marcar la mayor diferencia.

Al resto de nosotros le falta llegar a ese punto. Así que, antes de meternos de lleno en lo que cada uno de nosotros requiere mejorar, debemos analizar dos clases comunes de puntos ciegos que, si no somos conscientes de ellos, evitarán que actuemos con bondad. De la misma manera en que ubicamos nuestros puntos ciegos cuando conducimos el coche en la autopista, podemos también aprender a ubicar estos dos puntos ciegos de nuestras acciones.

UBICA TUS PUNTOS CIEGOS

Punto ciego #1: Somos más negativos de lo que pensamos

Una mujer me contó su experiencia con un programa parecido al Reto de 30 días de bondad. Aunque se describe a sí misma como alguien que se lleva bien con los demás, llevaba dos años enfadada con un colega llamado Phillip. Los análisis de datos de su compañero eran clave para el trabajo de esta mujer. Pues resulta que el trabajo de su compañero era tan minucioso que produjo un exasperante grado de lentitud y hojas de cálculo que a ella se le hacían difíciles de leer. Su enfado se convirtió en un conflicto personal y esto produjo un drama en la oficina, lo cual puso en serio riesgo ambos puestos de trabajo. Su jefe les dijo que durante un mes no quería oír ni una palabra negativa más, ninguna exasperación o señal de pesimismo que el uno dijera del otro. Si volvía a escuchar quejas, podían considerarse casi despedidos.

Me dijo: "No creía que fuera una tarea difícil, mayormente porque creía que yo no era tan negativa. Hasta que repentinamente tuve que concentrarme en la necesidad de retener mi trabajo. Si me hubieras hecho la pregunta antes, te habría dicho que hago comentarios negativos de Phillip unas dos veces a la semana. Pero cuando tomé consciencia de que nuestro jefe andaba vigilándonos, me di cuenta de que en realidad eran dos veces al *día*. En los meses previos, otro colega me hubiera preguntado '¿ya entregaste tus proyecciones diarias?', yo le habría respondido, volteando los ojos y usando un ligero tono sarcástico, que 'lo haré tan pronto como el Señor Tortuga me entregue sus cifras'. Pero ahora así de golpe ya no puedo comportarme de esa manera. Debía contestar amablemente: 'Las entregaré en cuanto tenga los datos de Phil'. Fue una experiencia reveladora y un poco desconcertante".

Estaba fascinada. "¿Lograste cumplir todo el mes?"

"Sí. Ambos lo logramos". Sonrió. "Y la situación cambió de manera drástica. Jamás seremos tan amigos como para ir por un café, pero ahora nos gusta trabajar juntos. Cuando nos esforzamos en *no* ser negativos, esos problemas ya no se ven tan amenazadores. De hecho, empecé a apreciar lo riguroso de sus análisis y él se dio cuenta de que mi personalidad tipo A era lo que nos permitía alcanzar nuestras metas de ventas. Incluso añadió a su informe algunas hojas con resumen de datos porque descubrió que eran útiles, en lugar de verlo como una crítica. Cuando se trata de trabajo, ahora lo veo como un elemento valioso".

Sus comentarios describen un punto ciego clásico: no sabía que no sabía. En este caso, ella no percibía qué tan seguido pensaba y hacía algo negativo de manera interpersonal que lograba sabotear su productividad, su paz mental (¡y la de los demás!) y su relación con su colega. En nuestra investigación, hemos visto muy a menudo este patrón de conducta.

Como verás en los siguientes capítulos, incluso nosotros, los que ya somos conscientes de ser bondadosos y positivos desconocemos con cuanta frecuencia somos desconsiderados, negativos, desatentos o distraídos. De hecho, también hay veces que somos positivos y expresamos aprecio, pero no tanto como suponemos. O, sencillamente, desconocemos qué tan seguido nos perdemos la oportunidad de ser solícitos, atentos o de estar plenamente sintonizados con la otra persona.

En resumidas cuentas: ya sea que estemos o no enfocados en la necesidad de actuar con bondad, casi todos desconocemos de cuántas cosas buenas nos estamos perdiendo. Y a menudo las cosas que nos perdemos están entre las más importantes.

Punto ciego #2: Somos incapaces de ver cómo se siente la otra persona

Sencillamente no nos damos cuenta (¡y no nos damos cuenta de que no nos damos cuenta!) de lo que siente la otra persona, su punto de vista o cómo podemos responder de forma sana, productiva y bondadosa.

Al inicio de mi investigación, una encantadora pareja de consejeros, un pastor y su esposa, de una gran congregación multicultural en Carolina del Norte, nos ofrecieron su iglesia como el primer sitio oficial para probar el Reto de 30 días de bondad. Decidí visitarlos para realizar algunas entrevistas en un momento en que algunas personas ya habían terminado el Reto, otras apenas lo iniciaban y unas más estaban a la mitad. Realizamos una de las entrevistas a una mujer llamada Amanda, que llevaba dos semanas haciendo el Reto y cuyo enfoque era su marido, con quien llevaba diecisiete años de matrimonio. Apenas empezaba a abrir los ojos de manera notoria.

Conversamos con ella durante algunos minutos acerca de los serios problemas que atravesaba su matrimonio, producto del estrés causado por problemas en la economía familiar (ella hace poco que había perdido el trabajo, lo cual causó que perdieran la casa por embargo inmobiliario) y su reciente crisis depresiva porque su hija (de un matrimonio anterior) se había marchado a la universidad. El más reciente conflicto matrimonial giraba en torno a la necesidad que su hija tenía de dinero para pagar la matrícula y reemplazar su coche inservible. Amanda quería darle algo de dinero para el coche en ese momento, pero su esposo estaba en total desacuerdo y quería establecer condiciones estrictas.

Le pregunté si había visto algún cambio, bueno o malo, durante las dos semanas que llevaba haciendo el Reto de 30 días de bondad. Me dijo que sí con la cabeza: "*Veo* un cambio en mi esposo. La verdad antes del Reto hubiera hecho lo que quería por mi hija sin preocuparme por lo que él sentía. Pero he empezado a escuchar más cuando me dice: 'son *nuestras* finanzas y debemos estar de acuerdo'".

Le pregunté: "¿Por qué crees que hacer el Reto ha hecho que escuches más a tu marido?".

"Porque debo encontrar razones para elogiarlo, así que lo hice por ser el sostén de la familia y porque es cuidadoso con el dinero.

Y esto quiere decir que yo debía darme cuenta de que mi marido usa la razón para este asunto, ¡ya sea que yo lo quiera reconocer o no! Es como si yo tuviera que meterme en su pellejo".

Entonces, el llevar a cabo lo que te habías propuesto hacer y decir ¿hizo que tomaras más consciencia de lo que tu marido pensaba?

"¡Sí, claro! Antes no lo hubiera considerado. Como con mi hija. Viene a casa mañana y debo tratar con ambos. Ando pensando: *¿Le compraremos el coche?*".

Mientras hablaba, noté que Amanda empezó a agitarse: "Y ahora la carga que tengo es *¿cómo se sentirá él por esto? ¿Y qué pensará él de mí y de cómo lo aprecio?*".

Alzó un poco la voz: "Entonces, si compro el coche, ¿qué significará esto para él? ¿Que no lo respeto? ¡Ay, Dios mío! ¡Ni siquiera hubiera *pensado* en este asunto si no hubiera estado enfocada en el tema durante estas dos semanas! ¡Qué barbaridad! ¡Estoy teniendo mi propia sesión de terapia mientras me hablo a mí misma sobre este tema!".

Me esforcé por mantener la seriedad y le pregunté si sus sentimientos y puntos de vista habían logrado abarcar más allá del tema del dinero. Respondió: "Sí. Mantengo un profundo vínculo emocional con mi hija, a veces en detrimento de la relación con mi marido. Pero ahora que he tomado mayor consciencia de lo que él piensa, estoy segura de que se siente rechazado pues la relación con mi hija nos aleja. Cuando ella se marchó a la universidad, sentí que mi vida se acababa. Ahora me he dado cuenta de que mi foco de atención no ha sido mi marido, pese a que lo necesito mucho".

Amanda empezó a alterarse de nuevo y se agarró la cabeza con ambas manos: "Dios mío, ¡mi marido debe haberse sentido pésimo! Y me doy cuenta de que, al fin y al cabo, mi hija tendrá su propia vida, pero yo tendré que vivir con la decisión que tomemos en las próximas semanas y por el resto de nuestras vidas. Y jamás he hecho esto. ¡Jamás le he dado prioridad a los sentimientos de mi marido!".

NO ERES TÚ, SOY YO

Es probable que todos necesitemos que se nos abran los ojos. Todos necesitamos descubrir la mejor manera de ser bondadosos en nuestras relaciones. Hay dos maneras de lograrlo, una de ellas tiene mayor impacto que la otra.

Lo primero es tomar consciencia. No de lo que la otra persona debería hacer, sino de nuestra incapacidad de ver la bondad y lo que *deberíamos* hacer. Un ejemplo práctico para alcanzar esta meta es leer este libro: aprendemos y pensamos en cómo aplicarlo. Leemos cosas que nos abren los ojos de distintas maneras. Nos impacta algo que oímos en la radio. Escuchamos a nuestra pareja, a un amigo o un colega explicarnos su punto de vista y, de pronto, logramos entender algo completamente nuevo. Todas esas cosas nos ayudarán a librarnos de los puntos ciegos, en especial de nuestro desconocimiento.

Lo segundo es la acción. Jamás podremos darnos cuenta plenamente de cuáles bondades estamos omitiendo hasta que las pongamos en práctica. Y tratarlo no significa que lo hagamos de una manera bastante difusa como, por ejemplo, "seré más amable con la gente", sino como algo muy específico, algo como el Reto de 30 días, que aborda los tres elementos de bondad, o algún programa parecido.

Así que encaremos en los siguientes tres capítulos cómo llevar a cabo cada uno de esos tres elementos de bondad.

Parte II

30 días para ser más bondadoso

EL RETO DE 30 DÍAS DE BONDAD

Elemento #1: Nada de negatividad

No digas nada negativo de la persona de tu enfoque, ya sea directamente a él o ella o acerca de él o ella a los demás. (En caso de que sea inevitable hacer algún comentario negativo, hazlo de manera constructiva, que sea de aliento y evite el pesimismo).

Elemento #2: Ejercita el elogio

Cada día, identifica algo positivo de él o ella que puedas elogiar o afirmar. Luego, que ejercita el elogio en persona y comunícaselo a los demás.

Elemento #3: Busca la bondad

Cada día, ten un pequeño acto de bondad o generosidad para la persona elegida.

En el caso de los maridos que llevan a cabo el Reto de 30 días de bondad para sus esposas, ver el capítulo 9 para otra alternativa al Elemento #1.

Rechaza lo negativo
Siete tipos de negatividad que no sabías que tenías

Elemento #1 No digas nada negativo de la persona de tu enfoque, ya sea directamente a él o ella o acerca de él o ella a los demás.

Cuando piensas en la relación que quieres mejorar ¿qué tan seguido dices o insinúas algo negativo sobre la otra persona? O si te enfocas en practicar la bondad de manera general, en lugar de enfocarte en alguien específico ¿cuán a menudo expresas pensamientos negativos de manera general?

Casi todos jamás pensaríamos que somos negativos; sin embargo, cuando nos sentimos frustrados, irritados, heridos o enojados, lo primero que sale de forma automática son expresiones negativas. Por ejemplo ¿suspiras de exasperación cuando tu hijo se olvida la tarea o cuando la cajera del supermercado es lenta? ¿Con una mirada dejas saber a tu pareja que te ha decepcionado? ¿Te desahogas con los demás porque tu compañero de estudios llegó tarde otra vez?

Una vez que empecemos a poner atención, nos daremos cuenta (¡aunque nos disguste!) de que se nos hace muy fácil caer en esos patrones de conducta. Y corregirlos puede tomar más esfuerzo del que pensábamos. Una mujer comenzó el Reto de 30 días de bondad un lunes en la mañana, creyendo que sería muy fácil, y el martes en la tarde se dio cuenta de que ya estaba regañando a su perplejo marido: "¡No ves que estoy tratando de cumplir el Reto de bondad, y tú lo haces más difícil!".

¿Recuerdas la historia de Nadia en el capítulo 1, sobre su compañera de trabajo que se negaba a hablar mal de su jefe? Como decía su compañera, la negatividad puede ser fácil, pero nos cambia. Por ejemplo, a pesar de que sentimos una satisfacción momentánea al quejarnos o desahogarnos, al final el sentimiento no producirá nada bueno. He podido comprobar esta verdad durante los años de mi investigación y, de manera más amplia, en muchas otras investigaciones.

Un estudio clásico descubrió lo fácil que las palabras y acciones negativas, incluso *simuladas*, nos llevan a sentimientos y conductas realmente negativos. En 1971, el doctor Philip G. Zimbardo, profesor de psicología en la Universidad de Stanford, y su equipo de investigadores decidieron estudiar los efectos del encarcelamiento en reclusos y guardias. Seleccionaron de manera aleatoria hombres con condiciones mentales y físicas normales, de buena salud y jóvenes para que simularan ser guardias y reclusos en el sótano de un ala de Stanford, que había sido modificada para parecer una cárcel. El estudio debía durar unas dos semanas, pero tuvo que ser cancelando después del sexto día. Las palabras y comportamiento que los guardias usaban para controlar a los reclusos alteró de forma total sus sentimientos sobre ellos y su autoridad, por lo que se volvieron agresivos, incluso sádicos, maltratando seriamente a los prisioneros.[14]

Como me dijo un psiquiatra: "El estudio sobre cárceles del Dr. Zimbardo en Stanford es un tremendo testimonio que demuestra que las emociones son el resultado de la conducta. Cuando los estudiantes empezaron a actuar como guardias, se sintieron como tales. Las personas suponen que las emociones modelan la conducta, pero no necesariamente es verdad. En realidad, la interrelación es recíproca, la conducta a menudo da forma a nuestros sentimientos en torno a las cosas. Este hecho ha sido bien documentado".

Felizmente, el hecho de que la conducta da forma a nuestros sentimientos no se limita solamente a los sentimientos negativos. Lo bueno es que cuando detenemos en seco la negatividad y decidimos promover la positividad y bondad, también logramos cambiar.

LO QUE PROMETE LA POSITIVIDAD

Descubrirás que, mientras desarrollas tu nuevo hábito de rechazar la negatividad, sucede algo extraordinario. Tendrás más alegría, mayor paz y disfrutarás mejor tu vida y las relaciones con los demás, y verás más resultados constructivos e influyentes de tus esfuerzos en el mundo.

¿Cómo me atrevo a afirmar esto? Porque fueron los resultados constatados con pruebas en la mayoría de los que realizaron el Reto de bondad durante unas cuantas semanas, sin mencionar aquellos para quienes esto se volvió (o ya era) un estilo de vida.

Por ejemplo, entre los que tenían mucho por hacer para mejorar la relación con su pareja y llevaron a cabo el Reto por lo menos durante dos semanas, el 67 por ciento manifestó que ahora disfrutaban más la relación ¡y el 72 por ciento de ellos afirmó que ahora se sentían felices en su matrimonio! (Cuando vemos al grupo en general, incluyendo los que no demostraron mejoría porque afirmaban que ya eran muy felices, el porcentaje general de los que afirmaban estar felices subió al 82 por ciento).

Más bondad, mayor felicidad		
¿Qué sucedió cuando los que tenía mucho por hacer en sus matrimonios llevaron a cabo el Reto de 30 días de bondad?		
Porcentaje de parejas que dijeron que el disfrute de la relación mejoró:	67%	
	Antes	**Después**
Porcentaje de parejas que dijeron que eran felices en su matrimonio:	37%	72%

Nota: Entre los que tenían mucho por hacer en el disfrute de su relación.

Más convincente aún: la neurociencia lo respalda. Las investigaciones de la neurociencia han demostrado de manera concluyente que el acto de elegir limitar la negatividad e incrementar la positividad posee un impacto clínico medible sobre cómo nos sentimos.

En 2008, investigadores del Reino Unido estudiaron un patrón que los cirujanos plásticos identificaron cuando aplicaban Botox a sus pacientes para reducir las arrugas faciales. Después del tratamiento, los pacientes acostumbraban informar que se sentían menos negativos y más positivos. ¡Fue tanto así que algunos médicos sugirieron el Botox como tratamiento para la depresión! ¿Pero qué estaba ocurriendo? Sucede que las inyecciones de Botox reducen las líneas de expresión en la frente y el entrecejo al paralizar por un tiempo los músculos faciales que las causan. El estudio descubrió que cuando los pacientes eran incapaces de fruncir el ceño o arrugar la frente para mostrar negatividad o enojo experimentaban *muchas menos emociones negativas.*

Los investigadores explicaron: "El resultado apoya la hipótesis de las respuestas faciales, que propone que fruncir el ceño puede causar mayor infelicidad en la persona. Los tratamientos que limitan fruncir el ceño demuestran correlación con la reducción del estado emocional negativo".[15] Y los nuevos sentimientos positivos no aparecen sencillamente porque los pacientes se ven a sí mismos más atractivos. En cuanto a esto, no hubo correlación estadísticamente importante. Los investigadores concluyeron:

Los participantes [de la investigación] a los que se les aplicó BTX-A [Botox] en la frente tuvieron estados de ánimo mucho más positivos que aquellos que no recibieron tratamiento, y esto se manifestó mayormente por puntajes más bajos de ansiedad y depresión.

La parálisis de los músculos corrugadores [de las cejas] imposibilita muchas expresiones faciales negativas, dificulta el mantener un estado de ánimo negativo y, en consecuencia, esto lleva a las personas a sentirse más felices.[16]

¿Moraleja? Puedes evitar la inyección de Botox en la frente y lograr los mismos resultados emocionales negándote sencillamente a expresar negatividad, ya sea en palabras, expresiones faciales o lenguaje corporal.

NO ESTAMOS DESAHOGÁNDONOS, ESTAMOS ACUMULANDO PRESIÓN

Tal vez preguntes ¿no crees que a veces es importante expresar emociones negativas cuando ocurran para evitar más adelante peores sentimientos? ¿No se nos debería permitir expresar enojo, por ejemplo? De hecho, si estás molesto o frustrado ¿no es mejor dejar salir un poco de presión de la olla antes de que todo reviente? De eso se trata cuando uno se desahoga ¿cierto?

En primer lugar, claro que podemos manifestar nuestro enojo. Particularmente en una relación que importa mucho, debemos tener la capacidad de expresar nuestras emociones. Pero recuerda que estamos en el Reto de *bondad*. Se trata de detener toda negatividad por cierto periodo de tiempo. Y si tenemos que expresar algún comentario negativo, no necesariamente debemos hacerlo de manera negativa. Es posible que manifestemos la serias preocupaciones que tenemos sin tener que usar un tono negativo y, más bien, usar la mayor bondad posible.

El libro *Unglued*, de mi amiga Lysa TerKeurst, explica cómo manejar varias emociones negativas de manera saludable. Me ofreció el resumen de unas cuantas sugerencias prácticas:

Siempre he dicho que nuestros sentimientos son indicadores, no dictadores. Las emociones negativas nos señalan que debemos tratar algún problema, pero jamás deben dictar que lo tratemos de manera negativa. Empieza con una pausa de tres segundos. La paciencia es una decisión y tengo la capacidad de

> ser paciente incluso si no me nace. ¡Esto también da tiempo al Espíritu Santo para que interrumpa mi tendencia natural! Así, durante esa pausa recuerdo que debo atacar los problemas, no a las personas involucradas. Por último, me pregunto: "¿Qué es lo que realmente quiero? ¿Probar que tengo la razón o mejorar la relación?". Siempre tengo que recordar que *no puedo hacer las dos cosas al mismo tiempo*.[17]

En segundo lugar, y el más importante, la antigua opinión de que "es mejor dejar salir la presión de la olla" ¡resulta estar completamente equivocada según la neurociencia! Investigadores como el doctor Brad Bushman, de la Universidad Estatal de Ohio, llevan muchos años estudiando el proceso del enojo. Descubrieron que, de hecho, expresar enojo activa mucho más un sistema interconectado de ira en el cerebro y, por tanto, es como si decidiéramos incrementar la presión. Así que, mientras te desahogas, la presión inevitablemente subirá. (¡Es necesario que dejemos de ver todo esto como un *desahogo* y más bien como una *acumulación de presión*!) Descubrieron una mejor analogía para este caso: si hay una olla de agua hirviendo, se puede poner la tapa y retirarla del fuego. Cuando elegimos con determinación estar calmados, es como la tapa que extingue el vapor y, cuando nos retiramos o distanciamos de lo que sea que esté avivando el fuego, descubriremos que nuestra ira empezará a enfriarse y, en la mayoría de casos, sencillamente dejaremos de estar enojados del todo.[18]

William James, un psicólogo, filósofo y médico del siglo XIX, dijo esto mucho antes de que la neurociencia contemporánea lo comprobara: "Niégate a expresar una intensa emoción y esta desaparecerá… Si queremos dominar en nosotros esas tendencias emocionales que no deseamos, debemos llevar a cabo diligentemente y a sangre fría los gestos externos de los temperamentos que preferimos cultivar".[19]

Traducido a lenguaje sencillo: aparéntalo hasta que lo sientas. Y funciona. Por lo menos durante treinta días, no manifiestes ningún sentimiento negativo de la persona y la relación que deseas mejorar, no importa qué tan justificado te sientas.

El primer elemento de la bondad es eliminar la negatividad y también es el primer paso del Reto. También es la decisión que te dará la mayor ventaja. Sin ella, te darás cuenta de que es muy fácil sabotear todos los demás esfuerzos, y evitará que tus buenas acciones externas logran cambiar tus emociones internas. Pero con ella, te darás cuenta de que *quieres* cambiar.

SI NO TIENES NADA BUENO QUE DECIR...

Así que ¿de qué manera tiendes a ser negativo y poco amable? Como seres humanos imperfectos, todos tenemos algo que corregir, aunque nunca lo hayamos pensado como algo negativo. Antes de empezar a escribir este libro, hubiera jurado que muy raras veces era negativa, hasta que investigué a profundidad e identifiqué las distintas clases de negatividad y las formas en que ocurren. Y me di cuenta, *ay Dios, hago esto… y esto… y lo otro…*

Cuando Sarah hizo el Reto de 30 días de bondad, descubrió que su principal expresión de negatividad era hablar de su mamá con su esposo. Su madre, Marianne, es una persona difícil, que se ofende muy fácilmente, y vive con ellos porque sufre de muchos problemas de salud (como la suegra que describí en el capítulo 2). Sarah tiene mucho enojo y resentimiento porque siente que su madre saca ventaja de ellos. Marianne es relativamente joven, su discapacidad tienen relación con su estilo de vida y Sarah siente que su madre no ha asumido la responsabilidad ni de cuidar su salud ni de buscar ayuda para su discapacidad.

Sarah explicó con mayor detalle: "Tengo hijos pequeños, un trabajo de tiempo completo y, francamente, a esta altura de mi vida no debería estar cuidando a mi madre. En especial no queremos que la forma irritable que mi madre tiene de manejar las cosas contagie a nuestros hijos. Todo esto ha sido muy difícil. Pero en estos momentos no tenemos otra alternativa, así que quiero por lo menos descubrir cómo mejorar la relación".

Mientras hacía el Reto de 30 días de bondad, Sarah identificó distintas maneras en las que sus pensamientos, palabras y acciones en torno a su madre habían sido negativos. En particular, se dio cuenta de que "mi esposo y yo estamos atrapados en la rutina improductiva de quejarnos de ella". Lo dijo así:

Me desahogaba con mi esposo, pero luego me preguntaba: *¿Qué hay en el fondo de las quejas? ¿Será que me desahogo por maldad y porque me siento frustrada con ella? ¿O porque quiero ayudarla y descubrir una solución a todo esto?*

Poco después de iniciar el Reto, mi mamá y yo tuvimos una fuerte discusión. Por lo general no abordo problemas con ella porque escupe fuego. Pero ese día necesitaba tratar un asunto con ella y me dijo algunas cosas horribles que realmente me lastimaron. Más tarde le conté a mi esposo lo sucedido y me volví a alterar. Mi corazón palpitaba muy rápido y me temblaban las manos, entonces le dije: "No puedo seguir hablando de esto porque no me ayuda. ¡Me hace retroceder hasta la mismísima pelea!".

Si bien hablar con mi esposo es importante para mi salud mental, haberle contado la historia fue tan solo un recuento negativo para lograr el beneficio de desahogarme con él, en lugar de realmente buscar una solución. Así que ¡*no fue* constructivo para mi salud mental! De hecho, fue doloroso porque me hizo revivir el evento y recordarlo, y causó que me alterara por algo que ya había pasado.

Cuando los treinta días se cumplieron, Sarah nos compartió que había habido una gran diferencia en cómo se sentía con su mamá y con la situación. "Negar la negatividad me hizo sentir compasión en lugar de enojo. De hecho, me fascina: cuando evitas ser negativo, dices las cosas de tal manera que no te *permites* regresar al episodio de enojo. De hecho, me veo a mí misma mucho más comprensiva. Cuando me niego a ser negativa, soy más propensa a preocuparme por los demás y tratar de ver qué se propone la otra persona. Y eso reemplaza al enojo".

Sarah descubrió que su madre había vivido un pasado y una niñez muy traumáticos. Así que tenía una gran carga emocional y por eso manejaba las cosas de manera muy distinta a como les habría gustado a Sarah y su esposo.

> ## Preguntas para reflexionar
> Cuándo me desahogo ¿cuál es la razón de fondo? ¿Quiero aliviar mis emociones y sentirme mejor al quejarme? ¿O quiero encontrar una solución constructiva?

Nos cuesta trabajo, pero ahora entiendo realmente por qué ella es así. Y, efectivamente, debo conversar con mi marido asuntos que no puedo hablar con nadie más. Pero, si van a empezar así: "¡Te cuento algo que me frustra mucho!" entonces no llevarán a ningún lado. En cambio, si conversamos sobre qué podemos hacer para mejorar la situación, incluso si de manera realista no es probable que suceda, la dinámica cambia.

Por ejemplo, ayer estaba en el trabajo, mi esposo estaba en casa y mi mamá estaba toda alterada enseñándole mensajes de texto que había recibido de sus hermanos. Mi esposo le había dicho: "No sé cómo se va a zafar usted de ese mensaje". Más tarde, en lugar de decir "¡Qué pesada es!" me dijo "¿Sabes? tu madre necesita terapia. Estoy convencido de que será de mucha ayuda. ¿Crees que acepte ir si se la pagamos?". Tal vez ella jamás acepte la oferta, pero el simple hecho de hablar de esa manera, en lugar de quejarnos sin solución alguna, fue un gran cambio.

Descubrimos que no ser negativos nos condujo no solo a hablar con mayor bondad, también a *pensar* así. Cuando dices o piensas algo negativo, aunque en realidad no lo veas de esa manera, cambias tu alma para mal. Es como ser un adolescente que anda en malas compañías. Pero cuando practicas eliminar la negatividad, es como si te rodearas de personas que te cambian para bien.

¿CUÁL ES TU PATRÓN DE NEGATIVIDAD?

Todos nosotros tenemos que identificar nuestros propios patrones negativos de conducta (la manera en que tendemos a ser negativos o por lo menos evitamos ser positivos), con el fin de cambiarlos por unos más saludables.

En el resto de este capítulo, abordaré siete tipos de negatividad en pensamiento, palabra y acción, incluyendo varias cosas más que quizá jamás pensamos que causaran daño. Y compartiré lo que sucede en nuestras vidas y relaciones cuando las erradicamos. Revisa la lista de las siguientes páginas para ver si reconoces algún patrón de conducta. En particular, cuando pienses en la persona con quien tienes algún conflicto, enojo o pasado doloroso (tu pareja, jefe, suegra) o en un grupo de personas con los que tiendes a sentirte incómodo (personas que manejan muy rápido, miembros de otro partido político, el director del colegio), ¿cuáles palabras o acciones que aparecen en las listas representan tus propias reacciones comunes?

Recuerda que todos experimentamos esas reacciones de vez en cuando. Lo que queremos es identificar tus *patrones* de conducta. Así que revisa o selecciona los puntos que son comúnmente aplicables a ti, en especial con la persona o grupo que has identificado. También, como son listas generales cuyo propósito es refrescarte la memoria, llena los espacios en blanco o escribe notas tan específicas como consideres necesario. Incluye ejemplos específicos. "Me enojo con mamá cuando llama" es una forma mucho más específica y fácil de recordar y que encierra lo que necesitas cambiar, que escribir simplemente "Irritación".

Una vez que sepas cuáles son tus tendencias a ser negativo, podrás ir combatiéndolas con mayor eficacia ¡y verás los beneficios de lograrlo!

1. "¡Qué difícil!"

La primera negatividad que muchos de nosotros debemos confrontar es la reacción instintiva a decir: "¡qué difícil será no decir nada negativo". Hace algunos años, en una conferencia para mujeres en torno al tema de las relaciones, les sugerí que realizaran el Reto para sus esposos, novios u otra relación una vez que terminara la conferencia. Cuando les dije: "Son tres pasos", todas las mujeres prestaron atención y algunas de ellas se prepararon para tomar nota. Pero cuando añadí: "Paso # 1: No digas nada negativo de tu esposo o novio, ya sea directamente a él o sobre él a los demás" una reacción sorprendente e intensa arrasó el lugar. Se oían murmullos y susurros por todo el salón mientras las mujeres iban procesando cuántas veces habrían dicho cosas negativas o pensaban cuán difícil sería evitarlo por treinta días.

Cuando empecé a investigar la bondad, me di cuenta de que muchos de nosotros nos hemos tragado la mentira de que es extremadamente difícil cambiar la manera en que pensamos y nos expresamos. Pero, en la mayoría de los casos, a menos que suceda algo fuera de lo común, intenso y sistemático que impacte la relación (por ejemplo, una fuerte traición o problemas de adicción), no sucede así. En cambio, enfrentar la negatividad requiere (como ya dijimos) tener la intención clara de hacerlo. Requiere estar sintonizado a algo que no pensaste antes y actuar con autodisciplina, en lugar de dejar que tu tendencia natural tome el control.

Corregir la negatividad no es natural para nadie. Requiere atención y cuidado. Sí, es probable que se vuelva un desafío porque es muy frustrante forzarnos a retener lo que estamos a punto de decir cuando, en realidad, ¡queremos dejarlo escapar! Pero en la mayoría de los casos, nada de eso es demasiado complicado, doloroso o ultradifícil de hacer.

Hace poco, mi amigo Emerson Eggerichs, autor del superventas *Amor y respeto*, me compartió una gran perspectiva de esto:

Muchas esposas vienen a verme cuando su matrimonio está en crisis. Creen que mi solución será una especie de plan de diez pasos. Les digo: "¿Tienes un lápiz? Haz tres cosas. Número uno: sé amigable. Número dos: sé amigable. Número tres: sé amigable". Suena tan simple, pero es revolucionario. Escuchamos de un hombre cuya esposa puso en práctica esta recomendación y, luego de diez días, le dijo a ella: "Dime la verdad. El doctor te ha dicho que me voy a morir. ¿Cierto?".

Muchas veces, lo único que se necesita es dejar de ser negativo. Siempre hay muchas cosas positivas junto a las negativas. Así que cuando empieces a buscarlas, las encontrarás. Luego estas esposas regresan con la noticia y me dicen: "Gracias por haberme dicho qué hacer, me he vuelto a enamorar de mi esposo".[20]

Para ser franco, corregir la negatividad es principalmente un asunto de reexaminar nuestras prioridades. Suponemos de forma automática que otras cosas (por ejemplo, sentirme bien desahogando mi enojo) son lo mejor, aunque dañen la relación, nuestra actitud o estado mental. Sin embargo, en la mayoría de los casos, si nos detuviéramos a evaluar la situación con la cabeza fría, nunca o casi nunca estaríamos de acuerdo en que el daño valió la pena. Así que, necesitamos identificar las palabras negativas o el lenguaje corporal antes de que salgan a la luz y, entonces, escoger una manera de responder distinta. No tiene por qué ser difícil, solo debemos estar resueltos a hacerlo.

> **Cuando negamos la negatividad, todo parece más fácil y realizable.**
>
> En lugar de decir "¡Qué difícil!", reflexiona primero: "Necesito pensar antes de hablar, pero puedo hacerlo". Cuando lo hagas, verás que todo parece más fácil. Has logrado que tu mente deje de sabotear todo lo que necesitas mejorar. Y has dado un gran impulso a tu habilidad de lograrlo.

2. Exasperación, irritación y señalar los errores

Con vergüenza les confieso que este punto es mi mayor problema de negatividad. Por lo general, no hablo o me quejo de las personas con los demás. Y evitar algunos de los demás puntos negativos no me requiere mucho esfuerzo. Pero lanzo un suspiro de exasperación de vez en cuando. Uso un tono irritado de voz demasiadas veces. Mis hijos son el principal blanco de este encantador hábito ("¡Te dije que recogieras tus cosas!" "¿Qué demonios has hecho los últimos diez minutos si ya tenías que estar listo?"), pero no son los únicos.

Hace unos años, llamé por teléfono a una importante compañía de servicios financieros para que me ayudaran a corregir un simple pero considerable error en una cuenta. Me esforcé por ser paciente durante una hora mientras me transferían de un departamento a otro, me ponían en espera, me pedían que repitiera una y otra vez la misma información y perdí la llamada dos veces. Cuando finalmente alcancé la oficina correcta, digamos que ya no estaba en condiciones de contener mi frustración. Me disculpé con la señorita que me atendía y le expliqué que estaba al borde de perder la paciencia. Ella fue muy respetuosa cuando me volvió a preguntar los mismos datos que los otros representantes me pidieron y le di respuestas cortantes y toscas. Al final, la cuenta fue corregida y ella me hizo la típica pregunta: "Señora Feldhahn ¿está satisfecha con la forma en que se ha resuelto el problema?". Cuando dije que sí, respondió: "Gracias por permitirnos servirle. Ah, dicho sea de paso, me encantó su libro".

¡Qué golpe tan bajo! Ya te imaginarás, sentí una gran culpabilidad. Casi temblaba. Tomé consciencia de cuán frustrada debí haber sonado cuando hablé con los representantes de servicio al cliente. Ellos quizá no hicieron su trabajo de forma adecuada, pero eso sí, merecían que los respetara. Y no solo para conservar mi reputación como autora, sino porque Dios me ha pedido amar a mi prójimo y que trate a los demás de la misma manera en que me gustaría que me traten.

Cuando comuniqué el mensaje de exasperación claro, negativo y desconsiderado y señalé los errores de los que me atendieron por teléfono, en realidad estaba diciendo "¡eres un idiota y me siento frustrada contigo!". Felizmente no lo decimos en voz alta. Tal vez ni siquiera nos damos cuenta de que hemos dicho esto, aunque esté frente a nosotros (por ejemplo, cuando aceleramos y nos aproximamos al auto que va muy lento para hacerle ver que el tráfico anda lento por su culpa), pero eso *es* lo que decimos.

A continuación ofrecemos ejemplos de las tantas maneras que podemos expresar exasperación. ¿Reconoces alguna? (Piensa otras que se te ocurran).

- Corregir de manera irritada. ("Amor, la pestaña del pañal *no* se ajusta así").
- Señalar el error de la otra persona y demostrárselo para que se dé cuenta de que lo cometió.
- Demostrar nuestra impaciencia volteando los ojos, suspirando o quejándonos.
- Frustrarnos fácilmente o resaltar personalmente los pequeños errores ("¡Es la segunda vez que veo esto y ni siquiera

está terminado!") en lugar de explicar los hechos de manera calmada ("Parece que no salió bien. Inténtalo de nuevo. Sé que lo harás mejor la próxima vez").

- Alzar la voz con molestia o enojo.
- Insinuar: "¿En dónde tenías la cabeza?".
- Decir el nombre de alguien con tono de frustración. ("¡Bonnie! ¡Tú bien sabes que no lo hacemos de esa manera!").
- Decir: "Tú siempre…" o "Tú nunca…".
- Agravar la situación cuando nos provocan. ("¡Bueno, si no lo vas a hacer bien, no vengas lloriqueando cuando necesites ayuda!").
- _____
- _____

En la mayoría de los casos, estas reacciones se deben a una pérdida de enfoque. Una buena amiga describió una discusión que tuvo con su hijo de quince años. Es un chico bueno y considerado, pero tiende a perder las cosas. En el último ciclo del colegio, perdió el teléfono, la mochila y un par de zapatos. Todo esto no solo cuesta dinero (él pagó una parte), sino también tiempo, que a ella no le sobra, para recorrer la ciudad y reemplazar cada cosa. Un día el chico regresó a casa sin la bolsa del gimnasio. Ella dijo: "Pensé que era muy descuidado y perdí la paciencia". Después de varios minutos de discusión, él se marchó disgustado y ella, por unos minutos, se desahogó con una amiga por mensaje de texto sobre lo que acababa de suceder, de lo irresponsable que era su hijo y demás quejas.

Su amiga le escribió: "Lamento que tengas que manejar por toda la ciudad para reemplazar las cosas otra vez. Debe ser muy frustrante". Hubo una pausa y le envió otro mensaje: "Pero tu hijo no anda en drogas, es sano y ama a Jesús".

Mi amiga rompió en llanto. Ella y su hijo se perdonaron. Luego me contó: "Había perdido el enfoque totalmente. Cuando se trata de esto, me doy cuenta de que mi enojo y exasperación suceden porque me estaba sintiendo incómoda. Y, efectivamente, es muy frustrante que mi hijo haga esto y es uno de sus defectos. Pero es un niño de quince años, es susceptible y se esfuerza por complacerme. Está bien que expresemos nuestra decepción y mostremos que hay consecuencias. Pero cuando pierdo los papeles de esa forma estoy diciendo: 'Mi dinero, esfuerzo y comodidad son más importantes que tu valioso corazón'".

¡Ay, qué dolor! Tantas veces he tenido que decir lo mismo. Y no soy la única. De hecho, al principio, *muchos* de los participantes de la investigación no percibieron la exasperación o irritación como algo negativo, para ellos solo era señal de su propia frustración, no de falta de bondad hacia los demás. Pero, cuando empezaron a ser deliberadamente bondadosos, se dieron cuenta de inmediato.

Una mujer hizo el Reto de 30 días de bondad para su hijo de diez años. Lo adora y se ha sacrificado mucho para poder educarlo en casa, pero reconoce que se impacienta muy rápido.

Cuando empecé a prestar atención a este problema, noté que había habido ocasiones en las que él había derramado un vaso con leche y luego me miraba con miedo, como si me dijera: "¡Uy, mamá se va a enojar!". Era como si me golpearan en el estómago. Vi las consecuencias de mi enojo filtrándose en él y eso jamás debió haber pasado. Así que me he estado esforzando bastante en no ser negativa o enojarme. Por ejemplo, cuando terminamos de cenar y se olvida de llevar su plato a la cocina, antes solía perder la paciencia y le decía: "Ben, sabes muy bien que debes recoger tu plato de la mesa ¿por qué lo dejas allí?". Pero ahora digo: "Ben, parece que olvidaste tu plato", en lugar de sacar a relucir todas las emociones de por qué lo hizo o por qué no lo hizo. Solo me enfoco en los hechos. Y es muy claro que algunos de los cambios que han sucedido conmigo lo impactan de forma positiva. Ahora es un niño más feliz. Es mucho más abierto, afectivo y capaz de admitir sus errores.

> **Cuando rechazamos lo negativo, nos irritamos menos
> y disfrutamos más la presencia de la otra persona.**
>
> He descubierto en persona la verdad que he observado en mis
> investigaciones: si no te fijas tanto en los errores de los demás,
> estos te molestarán menos. Si no te fijas tanto en el coche que
> va lento en la autopista, serás más paciente. Y si *decides* hablar
> con bondad y paciencia, incluso cuando estés a punto de gritar,
> querrás gritar mucho menos.
>
> Hemos descubierto que cuando te esfuerzas por erradicar la
> exasperación y el enojo en cualquier lugar (casa, escuela, trabajo,
> redes sociales), sucede lo siguiente:
>
> - Te vuelves menos crítico y aprecias más a los demás.
> - Piensas más y reaccionas menos.
> - Disfrutas y aceptas a las personas tal como son.
> - Disfrutas más de la vida, tienes más paz y felicidad.
> - Los que te rodean son más felices.
> - Los que te rodean confían más en ti y andan menos a la de-
>   fensiva.
> - Los que te rodean son más capaces de admitir sus errores u
>   ofensas.
> - Te sumas a la paz del mundo, en lugar de sumarte al círculo
>   negativo de la irritación.

3. Sarcasmo

Nuestra familia es competitiva, así que disfrutamos con buen humor
hacernos bromas cuando realizamos algún deporte, juego o cualquier actividad competitiva. ("¿Ah, sí? Bueno eres tan lento que no
podrás alcanzarme"). Sabemos que nos amamos así que podemos

burlarnos un poco y disfrutarlo. Me gustan los comentarios sarcásticos tanto como a los demás.

Aunque no siempre. Llega un punto en que se torna molesto, incómodo y malintencionado.

Y reconozcamos que, a veces, nuestro sarcasmo no tiene buena intención, como cuando criticamos a otra persona, ya sea directamente o cuando hablamos a espaldas de ella.

¿Usas alguno de estos puntos con frecuencia? (Piensa otros que se te ocurran).

- Comentarios o pensamientos sarcásticos.
- Comentarios ocurrentes o réplicas ingeniosas que ponen a alguien en su lugar.
- Bromas algo despectivas.
- Burlas sin mala intención, pero frecuentes.
- Bromas ofensivas.
- Cinismo (o como lo dijo una persona: "La caricatura del realismo").
- Burlarse, hablar o decir cosas sarcásticas de otra persona, de manera tal que se sienta mal (o que se sentiría mal si te escuchara decirlo).
- _____
- _____

En un ambiente donde se sabe con absoluta certeza que todos se aprecian y se tratan con buena voluntad, unas cuantas bromas y burlas pueden ser divertidas. Pero si no hay buena voluntad, se vuelven destructivas muy rápido. Incluso _con_ toda la buena voluntad, empiezan a molestar si ocurren muy seguido.

Mandy ya tenía una vida agobiante y llena de retos y no se había dado cuenta de que la tendencia de toda su familia a ser bromista y expresar comentarios sarcásticos empeoraba su vida. Tenía un hijo adolescente con necesidades especiales que requería bastante atención y una hija que recién empezaba la universidad. Cuando Mandy decidió empezar el Reto de 30 días de bondad, su esposo y ella apenas se aguantaban. Así describe lo que descubrió:

Siempre nos hemos comunicado con sarcasmo. Es una manera de protegernos. Por ejemplo, tienes la opción de reír o llorar por algunas cosas que nos suceden. ¡Prefiero reír! Pero cuando empecé el Reto de 30 días de bondad, muy pronto descubrí que ser sarcástica era mi manera de ser negativa. El sarcasmo no tiene que ser malintencionado para ser un problema. El sarcasmo de mi esposo es ingenioso y divertido, pero cansa después de un rato. También es un muro emocional.

Por ejemplo, cuando hay algún asunto pendiente con nuestro hijo y sabemos que es un tema emocional (su conducta o su tratamiento médico), en lugar de conversar en torno a cómo nos sentimos al respecto, bromeamos o hablamos de cosas más superficiales. Y al final evadimos compartir los sentimientos por nuestro hijo o por su crianza. Siempre usamos caretas.

Eso fue lo primero que cambió cuando empecé a evitar los comentarios negativos. Ahora me esfuerzo por hablar con sinceridad y esto ha cambiado mis relaciones. Estoy más dispuesta a demostrarle a mi esposo y a los demás cómo me siento, en vez de ignorarlos. Las personas decían: "Saben que nos asombra cómo ustedes han sabido manejar todo este asunto de la crianza de su hijo". Y siempre le restábamos importancia o hacíamos bromas como: "¡Bueno, es que no nos vieron esta mañana!". Ahora tratamos de decir con toda franqueza: "Gracias, apreciamos mucho sus palabras". Y ha marcado una gran diferencia en nuestros sentimientos. Hay un cambio total de paradigma cuando dejas de ignorar esos elogios. Tenemos que estar dispuestos a reconocer que *no* somos una familia normal y no somos perfectos ¡pero nos va bien! Debemos aprender a celebrar los logros. Es mucho mejor enfocarnos en todo por lo que podamos estar agradecidos.

El sarcasmo de la familia de Mandy se manifiesta en comentarios divertidos y del momento. Hay muchas personas parecidas a la familia de Mandy. He conversado con ellas y me han dicho que no quieren perder su sentido del humor. Pero si tienen un humor ácido, deben darse cuenta de que la parte del humor está bien, pero deben usar lo ácido con más moderación y tacto.

Y claro, hay otros tipos de sarcasmo que ni siquiera parecen tener buenas intenciones. Cuanto más negativos, más mordaces y destructivos son, *en especial* si se hacen a espaldas de alguien. Como lo dijo un adolescente: "Si una compañera de clase me dice un comentario sarcástico acerca de otra persona, no dudo que también lo hará de mí con otra más. Así que cuando ubico a una persona que nunca lo hace, confío mucho en ella".

Cuando negamos la negatividad, ganamos la confianza de los demás y gratitud en nuestro interior.

Una vez que se logra parar el sarcasmo (o lo usamos con menos frecuencia, solo de manera buena, divertida y nunca a espaldas de alguien más), las personas sistemáticamente nos informan los siguientes resultados:

- La gente confía más en ti y le agradas más; serán francos contigo en lugar de mantenerse cerrados y distantes.
- Es más probable que logres conocer la opinión honesta de alguien en el hogar o el colegio.
- Caen los muros de comunicación con quienes tienes una relación personal e importante; estás más dispuesto a compartir tus sentimientos profundos y descubres que los demás también lo hace contigo, lo cual promueve una verdadera amistad.
- Ves mucho más las cosas positivas, esas que vale la pena elogiar, celebrar y aplaudir.
- Experimentas más gratitud.
- Cambia el estado de ánimo en tu hogar, escuela, tus amistades, negocios y otros ambientes.

4. Queja tras queja

Todos nos hemos sentido descontentos algunas veces. Percibimos las cosas como deberían ser en lugar de ver lo bueno que ya tenemos. Nos quejamos de lo negativo y nos perdemos lo positivo. Criticamos la manera en que se maneja algo, incluso nos mortificamos por cómo lo habríamos manejado *nosotros*. Pero esas actitudes nos vuelven notoriamente desconsiderados y, por lo general, nos tornamos completamente ciegos ante ellas. Después de todo, muy pocos nos autodescribimos como personas quejumbrosas, malhumoradas, criticonas, descontentas o inconformes.

Yo he sido una de esas personas que no se ha descrito así. Muchos de los que entrevisté tampoco. A los largo de los años, siempre me ha parecido divertido escuchar la respuesta a esta pregunta: "¿Te consideras una persona que ve el vaso medio lleno o medio vacío?". Inevitablemente, los que ven el vaso medio vacío hacen una pausa y contestan de forma seria: "Diría que soy más realista".

Bueno ¿adivina qué? Resulta que todos tenemos tendencias "realistas" de vez en cuando. Creo que, en especial, quienes poseen una personalidad fuerte. Tal como una mujer me dijo con tono de frustración:

Soy una persona tipo A y nos causa mucho estrés eso de: "no digas nada negativo". Creo que se debe a que tenemos la tendencia a no *ver* lo positivo tanto como lo negativo. Cuando observo algo no tiendo a decir: "Ahhh, qué bien lo has hecho". Más bien, tiendo a ver y comentar: "No hiciste esto". Mi esposo anterior solía reclamarme que siempre me fijaba en sus errores. Y yo solo pensaba, *bueno, es la realidad, ¿cuál es el problema?* Hasta que tomé este Reto, no tenía la menor idea de cuánto yo criticaba a los demás. Saco de quicio a mi novio, mi asistente, el joven que trabaja en mi casa… ¡Incluso yo misma me saco de quicio!

¿Cuáles de las siguientes frases crees que haces o dices? (Piensa otras que se te ocurran).

- Pensar o decir: "Quiero que se haga de *esta* manera, no de la *otra*".
- Señalar los problemas, lo que falta, lo que no se ha hecho "bien" o lo que no va a funcionar.
- Subestimar lo bueno que ya ha sucedido, porque lo actual ni siquiera es pasable.
- Preguntar: *¿Qué has hecho por mí últimamente?*
- Hablar con tono descontento (o dirigirte a tu pareja de forma menos considerada que a tus amigos cercanos).
- Pensar: *Las cosas andarían mucho mejor si ella hiciera esto en lugar de aquello.*
- Pensar o decir: "¿En qué andabas *pensando*?".
- Mortificarte por lo que hiciste o dejaste de hacer.
- Insistir en que la situación actual es difícil. ("Estoy agotado". "Los hijos me exigen demasiado". "Trabajar con esta gente me vuelve loco").
- Decir: "Hubiera deseado no [sentirme enfermo, tener que trabajar más que Jerry, tener un esposo que juega Xbox por horas, llegar a casa y ver juguetes regados por todo el piso]".
- Decir: "Hubiera deseado [tener una esposa que quiera sexo más seguido, vivir en un vecindario mejor, tener una mascota]".
- Decir: "Pero fulano de tal no [me comprará una mascota, me defenderá, se preocupa por mis necesidades, me habla]".
- _____
- _____

No me malinterpretes: hay razones por las que tendremos el derecho a sentirnos preocupados o enojados. Nuestro dolor, preocupación o preferencias tal vez sean válidas. El problema es el patrón de respuesta.

Me encantó un comentario en mi página de Facebook que respondió a mi pregunta: "¿Cómo te sientes con la idea de que no puedes tenerlo todo al mismo tiempo?". Una mujer sabiamente comentó: "Esto me recuerda cuando alguien dice: 'Quiero ser feliz'. ¿Cómo sabes que ya no eres feliz? No se trata de tenerlo todo… Se trata de apreciar lo que ya tienes y ser agradecido".

¿Cómo sabes que ya no eres feliz? Como dijimos antes, es una decisión. Hay una razón por la que la Biblia habla de encontrar satisfacción sin importar lo que esté sucediendo:[21] la insatisfacción no solo te hace infeliz, también te vuelve hostil hacia los demás. Tal vez te sientas negativo, frustrado contigo mismo y cascarrabias, pero cuando decidas actuar y hablar de manera positiva, tus sentimientos (y bondad) se manifestarán.

Mi esposo Jeff es mi héroe en este aspecto. Reconoce que tiende a ver el vaso medio vacío y, honestamente, hay muchas cosas que lo podrían volver loco por vivir conmigo. Es una persona muy pulcra y ordenada y parece que a mí se me perdió ese gen. Para mí tiene mucho sentido que la ropa se apile encima del tocador en lugar de colocarla en los cajones. Sin embargo, en algún momento me di cuenta de que Jeff dejó de frustrarse sobre ese desorden o acerca de cuán velozmente los niños y yo podemos transformar su ordenada sala en un caos de Legos, libros, zapatos y dispositivos electrónicos. Cuando le pregunté qué había sucedido, me dijo: "Empecé a ver todo esto y me dije a mí mismo: *es señal de que tengo una esposa y dos hijos maravillosos que viven en esta casa. Así que se convirtió en un don".*

Cuando negamos la negatividad, disfrutamos más lo que tenemos.

Estaba contenta de ver que entre los que hicieron el Reto de 30 días de bondad, los hábitos de descontento se redujeron drásticamente ¡y la insatisfacción también! Por ejemplo, entre las mujeres que hicieron el Reto para sus esposos o novios, la mayoría reconoció que hablaban de manera menos bondadosa con sus cónyuges que con sus amigos cercanos. Después del Reto, el patrón mostró exactamente lo opuesto, con 82 por ciento que afirmaba que el tono con su pareja era el mismo o incluso mejor que con sus amigos.

Cuando logras aprender el secreto de la satisfacción y te esfuerzas por dejar los pensamientos, palabras y acciones de insatisfacción, verás estos resultados:

- Identificas y aprecias mucho más las cosas buenas y las personas en tu vida. Disfrutas, celebras y valoras lo que *tienes*.
- Disfrutas el momento en lugar de perdértelo. ("Los niños solo son pequeños una vez". "Aprenderé todo lo que pueda de este trabajo mientras esté aquí").
- Vives fascinado todo el tiempo. (En lugar de decir *uf, tengo que hacer este trabajo*, piensas y luego dices *tengo la oportunidad de hacer este trabajo*).
- Eres más optimista en general (la satisfacción produce gozo, lo cual nos lleva al optimismo).
- Estas de buen humor más a menudo.

5. Si me hieres, yo te hiero

Pocas personas se identifican como amargas. Pero observa la tercera acepción del Diccionario de la Real Academia Española para esta palabra: "Que está afligido o disgustado".[22] De pronto, debemos preguntarnos si efectivamente estamos enfrentando amargura en una relación.

¿Recuerdas la historia de Sarah y su madre que vive con ella? Una vida llena de venganza no es la única señal de la existencia de amargura. Si tienes un sentimiento de enojo, dolor o resentimiento hacia alguien por algo que hizo, ese tipo de negatividad puede afectar tu habilidad de ser positivo y bondadoso. Sin la determinación de esforzarte para combatir esos sentimientos, es muy probable que se desborden en irritación, tensión y enojo absoluto o salgan como quejas a espaldas de otros o discusiones con los demás.

¿Te suena familiar alguno de estos puntos? (Piensa otros que se te ocurran).

- A menudo te molesta o irrita la presencia de alguien en casa, el trabajo o donde sea.
- A menudo te enojas o incomodas por lo que alguien dijo o hizo.
- Piensas, recuerdas o mencionas pasados dolorosos e incidentes negativos. ("Me hicieron esto y después pasó aquello").
- Te quejas con alguien más sobre un grupo específico de personas. ("Solo me estoy desahogando").
- Expresas de manera impulsiva (por correo electrónico, mensaje de texto, llamada telefónica o comentario en redes sociales) irritación, enojo o dolor.
- Le echas en cara a la otra persona sus palabras o comportamiento.
- Te cuesta trabajo perdonar.
- Te alejas o abandonas una conversación, actividad u otra parte de la vida de alguien.
- Cortas la comunicación, no retornas llamadas ni correos electrónicos o borras amigos de las redes sociales.
- _____
- _____

Entre los que hicieron el Reto de 30 días de bondad para su compañero, _dos tercios_ dijeron que disminuyó su tendencia a hablar de las fallas de su compañero.

Lograron negar la negatividad

La encuesta determinó cuántos participantes estaban de acuerdo con la siguiente declaración: "A veces hablo de las faltas de mi compañero con los demás". Entre antes del Reto de 30 días de bondad y después de este, los participantes:

Mejoraron (Hablaron menos con otras personas sobre las faltas de sus compañeros)	66%
No cambiaron (Hablaron igual sobre las faltas de sus compañeros)	25%
Empeoraron (Hablaron más sobre las faltas de sus compañeros)	10%

Sucedió otra cosa: los participantes empezaron a identificar sus problemas. Un participante internacional hizo el Reto de 30 días de bondad para su madre, que se divorció de su padre cuando él aún era niño. Como adulto descubrió que andaba enojado con su madre muy a menudo y se quejaba de ella todo el tiempo por sus constantes excusas de que estaba "muy cansada" para ir a la ciudad y ayudar con los niños, pese a que ella realmente deseaba tener una buena relación con la familia. Durante el Reto se dio cuenta de que gran parte de su enojo se originaba en la falta de perdón y que solo veía las cosas desde su punto de vista:

Durante este proceso logré tomar mayor consciencia de mis propios errores, no solo de los de mi madre. Es muy fácil para un niño ver los errores de sus padres. Pero es más difícil para uno mismo darse cuenta de tus propios errores sobre cómo has tratado a tus padres. Esto me hizo recordar que ella se esforzó bastante por criarnos y cuidarnos sola. Hay mucho que agradecerle. Si soy franco conmigo mismo, le he fallado. Marcará una diferencia si le digo todo lo que hizo por nosotros y le pido que me perdone. Pero también he cambiado desde que me di cuenta de que había cometido un error. Antes, ni siquiera esa posibilidad existía en mi pensamiento.

Cuando logramos negar la negatividad, obtenemos una mayor paz y más propósito en la vida.

Hemos visto que cuando enfrentas la negatividad que surge del enojo o dolor, tienden a suceder estas cosas:

- Tienes más paz mental porque evitas la tortura de revivirlo.
- Sientes compasión y entendimiento en lugar de enojo.
- Aprecias a los demás por las cosas positivas que ofrecen, ya sea del pasado, presente o las que posiblemente sucedan.
- Avanzas hacia soluciones constructivas.
- Descubres tus propios errores, no solo los de los demás.
- Perdonas.

6. Desconfianza

La desconfianza es engañosa pues por definición muchas veces parece justificada. Y a veces lo es. Si tu compañera de estudio asegura varias veces que ya casi acaba su parte del gran proyecto, pero su compañera de cuarto por casualidad menciona que se la ha pasado en fiestas, sería justificado que desconfíes de su progreso. Si tu marido te ha asegurado varias veces que eres la única para él y, pese a ello, descubres la nota de una mujer desconocida que dice: "Estoy ansiosa de verte otra vez", entonces sí ¡es completamente válido que desconfíes de él!

Pero en la mayoría de casos no hay justificación. Cuando desconfiamos, por lo general nos imaginamos las peores intenciones de la otra persona, aunque sintamos bastante cariño por ella. Empezamos a ver las palabras y acciones de la otra persona desde el peor ángulo posible, en lugar de buscar una explicación más generosa (y por lo general más acertada). La desconfianza carcome nuestro corazón y sale de nuestra boca en forma de negatividad.

¿Reconoces alguno de estos pensamientos o palabras? (Piensa otros que se te ocurran).

- "Mi compañero de trabajo dijo que se le olvidó avisarme de la reunión, en realidad creo que no me quería ahí".
- "El jefe me quiere fuera de la conversación ¿verdad?".
- "Me felicitó solo porque tiene la obligación de hacerlo, no porque de verdad lo quiera".
- "¡No, no trataba de ayudarme! ¡Quiso hacerme sentir mal!"
- "Yo no le importo a ella. Por eso me dijo/hizo/no hizo eso".
- "No te pude ubicar. ¿Dónde estabas? ¿Con quién almorzaste? ¿Cuándo te invitaron?".
- "¿Estabas fijándote en esa mujer?".
- "Creo que trabaja demasiado porque prefiere estar en la oficina que en casa".
- "Sabía cómo me iba a sentir y de todos modos lo dijo".
- "Sabía que si nos distraía no escucharíamos al entrenador y así podría ganar. Es la única razón por la que fue tan amigable".
- "Dijo que cambiaría, pero no lo va a hacer".
- _____
- _____

Esta lista puede llegar a ser interminable, ya que una mente desconfiada y negativa tiende a autoalimentarse. Y como lo dije en el capítulo 4, en lo que te enfoques, eso mismo verás. Si piensas que tu compañero de trabajo no te quería ver en esa reunión, entonces (en tu mente) eso significa que no le agradas o no te aprecia como colega, así que ahora buscas otras señales que te lo confirmen. Incluso sus comentarios más inocentes ("hay que apurarnos con esto porque sé que todos queremos llegar a casa a buena hora") los interpretas de la peor manera ("detesta trabajar en este proyecto con nosotros"). Empiezas a hablar mal o lo evitas porque desconfías de él. Entonces se enoja y responde de la misma manera, lo que confirma por completo tus sospechas. Y así sigue.

Creer lo peor de las personas mata las relaciones entre compañeros de trabajo, en la escuela, las amistades y matrimonios, relaciones que jamás tuvieron que morir.

Cuando negamos la negatividad, veremos la alentadora y positiva verdad que siempre estuvo presente.

La forma más rápida de contrarrestar esta mortal forma de negatividad es pedir a Dios que abra nuestros ojos a la verdad y luego buscar una explicación más generosa de las palabras o la conducta que nos concierne. En la mayoría de los casos la encontrarás, lo que te alentará y hará que sea más fácil evitar los pensamientos negativos la próxima vez.

Por ejemplo, tal vez te des cuenta de que, en realidad, tu esposo no disfruta más estar en el trabajo que en casa, solo que sencillamente se siente abrumado por la gran deuda de préstamos universitarios que los dos tienen que pagar. Quizá logres ver que tu amiga sintió que debía abordar ese tema espinoso (aunque ella lo haya hecho de manera incorrecta) para conservar tu amistad en lugar de perderla. En otras palabras, te mencionó ese asunto específico porque *sí* le importas. Obviamente, no siempre sucede de esa manera, pero poder ver esas verdades te ayudará a mantener una perspectiva positiva la próxima vez.

7. Catastrofismo

Cuando realizaba esta investigación, descubrí que soy una campeona en esta clase de negatividad y yo ni siquiera sabía que existía: catastrofismo.

¿Algún punto de esta lista describe un patrón de palabras o pensamientos familiar? (Piensa otros que se te ocurran).

- "Si esto y lo otro suceden, será una catástrofe".
- "El equipo está tomando una decisión sumamente pésima ¡Sé que va a terminar en un desastre!".

- Esperar lo peor en temas como la economía, las finanzas personales, la dinámica racial, intrigas en la oficina, la injusticia, un grupo o cultura que ha tomado la dirección "equivocada" o cualquier otro asunto que encienda la chispa emocional del inicio de la catástrofe (o que posiblemente sucederá si no hacemos algo al respecto).
- Suponer que una propuesta, idea o sugerencia jamás funcionará.
- "Si tus calificaciones no mejoran, jamás ingresarás a una buena universidad".
- "Esa persona o esa gente arruinará nuestro negocio, el país, las calificaciones de mis hijos, el campo universitario, su familia, la economía".
- "Si fulano de tal gana/no gana las elecciones, dile adiós a la vida que tenemos".
- "Si no hacemos nada por [el calentamiento global, la educación, las libertades religiosas] el daño será irreversible".
- "Será un desastre si él [no deja de jugar videojuegos, acepta ese trabajo, se casa con esa joven]".
- Después de analizar el maltrato, la queja o injusticia, dices: "¡Qué injusticia!" o "¿Cómo se atreven?".
- Estar al tanto de lo que es justo o injusto.
- Pensar en cómo vengarse o corregir las cosas.
- Discutir por cualquiera de estos temas (lo que la Biblia menciona como "buscar pleitos").
- _____
- _____

Muchos quizá veamos esta lista y pensemos: *¡Pero de hecho sería un desastre si algunas de esas cosas sucedieran!* No lo niego. El problema es que tratar de evitar (o resolver) el desastre tiende a hacernos bastante desconsiderados y faltos de bondad, incluso sin que nos demos cuenta. Y también reconozcamos que en algunos casos nuestras mentes inventan una posible catástrofe que nunca llega a suceder. Y si incluso llegase a suceder, la manera en que reaccionamos a veces nos crea un problema peor que el que nos preocupa.

Conversé con una mujer que hizo el Reto de 30 días de bondad para su esposo. Trataba de salvar su segundo matrimonio del colapso debido a la carga de los retos relacionados con la salud de su marido, con sus hijas jóvenes y con muchos viajes de negocio. Me dijo:

> Siempre he batallado con tomar el control y me ha tocado ser madre de mis hijas. Ahora tengo un esposo que está más que dispuesto y es capaz de contribuir a la crianza de mis hijas, pero tengo que dejar que asuma su papel de padre. La idea me aterra porque automáticamente pienso lo siguiente: *¿Y si no lo hace correctamente? ¡Soy responsable de estas dos pequeñas almas!* De suceder esto, me metería y lo apartaría, lo cual, básicamente, es como decirle: "No sabes lo que estás haciendo. Eres un idiota". Eso heriría a este buen hombre. El Reto me hizo ver que soy poco bondadosa porque no confío. Cuando dudo de la manera en que mi esposo hace las cosas, un susurro maléfico en mi corazón dice: *Lo está haciendo de nuevo y saldrá mal.* Pero cuando me fuerzo a callar ese susurro y veo lo positivo, es mucho más fácil que conversemos del asunto, lleguemos a un acuerdo y confirmemos que seguimos el mismo camino. Creo que Dios bendice eso.

Esta clase de negatividad también genera actos donde la bondad está ausente y que quizá afecten nuestra vida personal, pero definitivamente impactarán la vida de las personas contra las que reaccionamos. Cuando nos ofenden, es demasiado fácil transformarnos en una especie de "llorón-matón" (en inglés se le dice popularmente *crybully*, una combinación de *crybaby* y *bully*). Si percibimos que estamos protegiendo o luchando contra algún peligro, nos volvemos apasionados y tensos. Esto se convierte en una misión personal en la que deseamos estar seguros que la actual o futura catástrofe sea eliminada o resuelta, y en la pasión del momento otras consideraciones, como la cortesía, el autocontrol, el amor incondicional, la preocupación por los sentimientos de los demás, el respeto, son fácilmente descartados.

Y seamos honestos: en la pasión del momento, a veces sentimos satisfacción cuando dejamos escapar toda esa ira o indignación. En lo profundo de nuestro interior sabemos que nuestros métodos son desconsiderados, incluso crueles, pero ignoramos esto porque ¡nos sentimos justificados! Y aceptar esa justificación también nos produce sentimientos de satisfacción. Un artículo del *Wall Street Journal* lo describió acertadamente: cuando nos vamos transformando en llorones-matones "los placeres de nuestra agresividad se combinan con el consuelo de sentirse agraviado".[23]

Sin embargo, podemos mantener altas expectativas sin ser severos. Podemos exigir soluciones decisivas para nuestros matrimonios y ser bondadosos al mismo tiempo. Podemos luchar eficazmente contra tendencias peligrosas o a favor de causas que nos interesan y, al mismo tiempo, respetar a nuestros oponentes. *Ellos* tal vez no sean respetuosos, pero nosotros debemos y podemos serlo.

Al comportarnos de esta manera evitaremos convertirnos en las personas que no queremos ser. Estoy bastante segura de que horas, días, incluso años después, al menos algún porcentaje de la población reflexiona en privado sobre las cosas que ha dicho (textos que se enviaron con enojo, publicaciones impulsivas en las redes sociales, comentarios furiosos que se expresaron contra adversarios políticos) y se avergüenza de ellas. Aunque trato de ser buena persona, hay momentos en que recuerdo el pasado y me pregunto cómo pude decir o hacer algo tan detestable. Y también hay momentos en que pienso cómo pude perder tanto tiempo con lo que la Biblia llama "discusiones necias y sin sentido".[24]

> **Cuando neguemos la negatividad, sentiremos más gozo y nuestro corazón se alegrará y también nos sentiremos más libres para buscar soluciones constructivas.**
>
> Te sorprenderá el grado de cambio mental y emocional que ocurrirá cuando, durante treinta días, hagas el esfuerzo por evitar argumentos inútiles o especules acerca de posibles catástrofes. A continuación te ofrezco algunos de los resultados positivos, entre muchos, que he ido recolectando:
> - Logras relajarte y sentir paz, en vez de preocuparte en exceso porque el mundo se va a acabar o porque sientes que cargas todos los problemas del mundo sobre tus hombros.
> - Disfrutas y te diviertes más, ya que ahora no te enfocas en las tragedias de la vida.
> - Te das cuenta de que tu corazón ha cambiado; eres más positivo y jovial en general.
> - Confías más en Dios.
> - Dejas que Dios cambie el corazón de la otra persona, en vez de sentir que es tu propia responsabilidad hacerlo.[25]
> - Descubres soluciones constructivas y creativas.
> - Te conviertes en un verdadero líder en lugar de ser un aguafiestas o un opositor.

Nada de esto quiere decir que no podremos tratar algún asunto que pueda ser un problema potencial que nos concierne como nuestro negocio, el colegio, la familia o la cultura del país. Pero sí significa que necesitamos abordarlo de una manera positiva, constructiva y con bondad.

El rey David lo hizo. En el Antiguo Testamento, en el primer libro de Samuel, leemos que, a pesar de que David era el rey legítimo de Israel y que había servido al rey (Saúl) con verdadera dedicación, Saúl y sus hombres lo persiguieron en el desierto. Un grupo de marginados se unieron a David (hombres que habían sido excluidos de la sociedad de manera injusta). Estos hombres tenían todo el derecho de sentirse agraviados y demandaban justicia. Realmente tenían ganas de "sentir el placer de la venganza" contra Saúl.

Pero David se negaba a hacerlo. Dio la orden de que nadie tocara al ungido del Señor. Al hacer esto demostró a los demás cómo actuar con bondad. También demostró que Dios los protegería. ¿Y qué sucedió con esos hombres rebeldes? En vez de imponer el cambio por la fuerza, ellos mismos fueron cambiados. Se convirtieron en los "hombres fuertes" de David.[26] Y cuando Dios, finalmente, preparó el camino para que David se convirtiera en rey, aquellos hombres llegaron a ser la fuerza más poderosa en nombre de la verdadera justicia y piedad en el reino.

TENER LOS OJOS LLENOS DE LUZ

Jesús insistió muchas veces en un asunto que es vital para nuestra determinación de vencer la negatividad: este mundo *es* negativo y lleno de maldad, pero él es "la luz del mundo" y nuestra tarea es alumbrar con esa luz para transformar la oscuridad.[27] Donde hay desunión debemos traer paz. Cuando queramos ser impacientes, debemos más bien ser pacientes. Cuando el mundo sea severo, debemos ser amables.

¿Cómo podemos lograrlo? Necesitamos la luz de Jesús y saber amarnos para poder compartirlo con los demás. No podemos dar a otros lo que no tenemos. Pero Jesús también dijo que debemos enfocarnos en la luz que resplandece en medio de las tinieblas:

Nadie enciende una lámpara para luego ponerla en un lugar escondido o cubrirla con un cajón, sino para ponerla en una repisa, a fin de que los que entren tengan luz. Tus ojos son la lámpara de tu cuerpo. Si tu visión es clara, todo tu ser disfrutará de la luz; pero, si está nublada, todo tu ser estará en la oscuridad. Asegúrate de que la luz que crees tener no sea oscuridad. Por tanto, si todo tu ser disfruta de la luz, sin que ninguna parte quede en la oscuridad, estarás completamente iluminado, como cuando una lámpara te alumbra con su luz.[28]

En otras palabras, en lo que nos fijemos, veamos y pongamos nuestra atención (nuestra mirada) es lo que iluminará todo nuestro ser o lo dejará en tinieblas. Si lo que vemos y decimos está lleno de luz y positividad, *nosotros* estaremos llenos de luz y positividad. Pero si en lo que nos fijemos, veamos y pongamos nuestra atención es oscuridad, desunión, crítica, sarcasmo, irritación, desconfianza o enojo, seremos todas esas cosas. Se nos ha dado el mandato de concentrarnos en la luz, no en la oscuridad.

Lo que busques, lo encontrarás. En el siguiente capítulo encontraremos más de esto (¡broma aparte!) cuando desarrollemos el Elemento #2.

7

Practica el elogio
Supera diez trampas

> **Elemento #2** Cada día, identifica algo positivo que puedas elogiar o afirmar con sinceridad de la persona de tu enfoque, díselo y cuéntaselo a alguien más.

Hace tiempo, Jeff y yo estábamos en Nueva Inglaterra conduciendo una serie de seminarios de fin de semana sobre matrimonio, juventud y crianza de los hijos. Entrevistamos a un pastor y su esposa (a quienes llamaré Samuel y Sierra). Esta pareja era muy buena para arreglar matrimonios rotos, así que le preguntamos cuál era su secreto. Todavía no les había contado sobre mi investigación de bondad, por lo que quedé muy intrigada con su respuesta inmediata: "Siempre que escuchamos a una persona decir algo bueno de otra, lo divulgamos".

Samuel explicó:

Hace años escuché una historia sobre cómo un joven resolvió un conflicto entre dos dirigentes de la iglesia que habían sido amigos, pero que ahora no se soportaban. Un día, uno de ellos dijo algo negativo sobre el otro a sus espaldas y el joven le respondió: "Pero es un buen hombre de negocios" y el dirigente estuvo de acuerdo pero de mala gana. Entonces, el joven fue con el otro dirigente y le dijo: "¿Sabes? Tom dice que eres bueno para los negocios". Lo tomó por sorpresa:

"¿De verdad?". El joven conversó un poco y luego agregó: "Y admítelo, Tom es un buen padre de familia". Luego fue y le dijo a Tom: "Dice que eres un buen papá". Así estuvo, yendo y viniendo, y pronto los dos empezaron a bajar la guardia y retomaron su amistad. Me di cuenta de que las palabras positivas ayudan a cualquiera, pero en especial son importantes para las personas que tienen dificultades en su matrimonio.

Sierra agregó:

En casos donde Samuel y yo trabajamos con una pareja negativa, tratamos de sacarles algo positivo. Por ejemplo, Keshia era una persona que corregía mucho a la gente y su esposo Ben era una persona negativa. Un día, en el vestíbulo, él se quejaba porque ella siempre llegaba tarde. Le dije: "Pero hace mucho por ti ¿no?". Respondió: "No podría vivir sin ella". Me dio algunos detalles, entonces fui y le conté a Keshia que Ben había elogiado esas cosas. ¡No me creía! Nunca había escuchado cosas agradables por parte de él.

Entonces la felicité por la hermosa bolsa de cuero que traía. Me explicó que Ben es artesano y le hace cosas especiales. Dije "es bueno para eso ¿verdad?" y respondió que sí. Cuando le compartí esto a Ben, estaba asombrado de que ella hubiera mencionado algo bueno sobre él. Durante las siguientes dos semanas, saqué al tema otras cosas, como rasgos de carácter. Y una vez que escuchó que su esposa dijo: "Es un hombre con una gran integridad" lloró en la oficina de Samuel. Creía que solo sentía desdén por él. No tenía idea de que sintiera algo diferente.

La instamos a seguir apreciándolo sin corregirlo. Y a él lo retamos a encontrar cosas para elogiarla y *decírselas*. No es común que la gente anime a los demás con sus palabras. Así que escucho y comparto sus palabras para ayudarles a empezar. Claro, a veces tengo que ser directa. Los siento en el sofá de mi oficina y les digo: "Deben decirse diez halagos antes de salir de la habitación". Al principio dirán cosas tontas como: "Tiene el cabello rubio" o "tiene ojos azules". Pero al final, se dicen cosas verdaderas. Requiere algo de práctica, pero con el tiempo lo logran.

Samuel añadió:

Se vuelve un buen hábito. Una mujer me contó que le dijo a la cajera del supermercado: "Trabajas muy rápido, eres increíble". Y ella respondió: "Nunca nadie me había dicho eso". Estaba muy contenta. Cuando empiezas el camino, querrás seguir. Produce mucha satisfacción.

EL ELOGIO ES EL CATALIZADOR DE LA BONDAD

Elogiar *es* muy satisfactorio. También es el catalizador de la bondad.

¿Alguna vez has usado esos pequeños calentadores para manos cuando hace mucho frío? Abres el paquete sellado al vacío, lo expones al aire y *aaaaaahhh*. El polvo de hierro dentro del paquete reacciona de forma química con el oxígeno para producir calor instantáneo y reconfortante en un día frío. Una simple reacción genera un resultado agradable.

Elogiar a otros es como el oxígeno. Es el elemento activo que dispara la reacción química, irradiando calor y bondad hacia un corazón, relación o cultura fríos. Todas las clases de negatividad actúan como el empaque de plástico (como una barrera alrededor del corazón que evita que ocurra la reacción). Por eso es tan importante eliminar la negatividad. Pero cuando surgen la afirmación positiva, el elogio y la apreciación... empieza la reacción. La positividad y el elogio se mezclan con pequeños actos de generosidad para crear bondad. El tipo de bondad que nos transforma a cada uno y a los que nos rodean.

En otras palabras, si la bondad tiene poder, una afirmación positiva sincera es el poder detrás del poder.

Si quieres una prueba de que el elogio es el catalizador clave para mejorar las cosas (para otra persona, para la relación y para ti), solo observa los resultados del grupo de nuestro estudio que empezó con el peor nivel en la escala de cumplidos y terminó en el mejor.

Entre los que hicieron el Reto de 30 días de bondad para su pareja romántica, hubo un grupo pequeño de dos docenas de hombres y mujeres que en la encuesta revelaron que rara vez (o nunca) elogiaron a su pareja en la semana previa al Reto, pero para cuando terminó, lo hacían a diario.

Con razón, todas sus mediciones mejoraron. Por ejemplo, eran más felices en sus relaciones y sentían que era mucho más probable que duraran toda la vida. Pero el resultado más gratificante fue este: *se sintieron mucho más amados y apreciados por sus parejas.*

En la mayoría de los casos ¡su pareja no estaba involucrada o ni siquiera sabía del Reto! La persona que lo hacía, realizaba todo el trabajo. Pero aun así, al final del mes, tres o cuatro se sintieron mucho más amados y apreciados. ¡Justo al revés de donde empezaron!

Y esta tendencia era clara, incluso más allá de los que más la necesitaban. Entre aquellos con *cualquier* posibilidad de mejorar ¡dos tercios se sintieron más amados y valorados después del Reto! Todavía un poco más dramático: tal vez recuerdes el capítulo 3, de los miembros del grupo que lo hicieron, el 74 por ciento dijo que sus parejas lograron mejorar. No solo que ellos cambiaron, sino que *la otra persona* también. Y entre el grupo que pasó de poco o nada de halagos a elogios diarios, ¡el número alcanzó el 92 por ciento! Recuerda, la mayoría de sus parejas *no hicieron el Reto.* Pero la persona que lo realizó, de todos modos, observó cambios y al final se sintió más amada y apreciada. Es claro, el elogio debe ser una prioridad.

Mostrar más atención, sentirse más apreciado Entre los que pasaron de decir pocos elogios o ninguno a expresarlos a diario. En general ¿cuán amado y apreciado por tu pareja te sientes?		
	Antes del Reto	Después del Reto
Muy amado y apreciado	12.5 %	50%
Bastante amado y apreciado	12.5 %	29%
Se sienten amados y apreciados	**25%**	**79%**
A medias, a veces me siento amado y apreciado y otras, no	50%	21%
No me siento amado o apreciado en particular	17%	0%
Nada, no siento amor ni aprecio	8%	0%
No se sienten amados ni apreciados	**75%**	**21%**
Total	**100%**	**100%**

Nota: Entre los que pasaron de expresar agradecimiento "una o dos veces a la semana" o "nunca" la semana anterior al Reto de 30 días de bondad a pronunciar aprecio "diario o más" después de treinta días.

SUPERAR LAS TRAMPAS, REPARTIR ELOGIOS Y LOS BENEFICIOS DE HACERLO

En teoría, todo el mundo está de acuerdo en que la afirmación positiva es algo bueno. Pero cuando intentamos practicarla a diario, encaramos toda clase de obstáculos y objeciones. De la misma forma en que no nos damos cuenta de que la exasperación es una forma de negatividad que debemos erradicar (¡consulta el último capítulo!), es posible que tampoco notemos que no estamos dando el tipo de elogio que los otros necesitan. Pero debemos ofrecerlo si queremos mejorar nuestra relación y ser parte de un movimiento cultural de bondad.

Los elogios van más allá de "bien hecho" y abarcan *cualquier cosa que haga sentir valorada a la gente*. Claro, debe ser sincero y genuino, pero lo importante es que lo vean como un elogio significativo, ya sea que tú lo veas o no de esa manera. La siguiente lista no es exhaustiva, pero los verdaderos elogios incluyen frases dichas o escritas como:

- "Buen trabajo esta semana".
- "Gracias por haber hecho esto".
- "Estoy agradecido por tu [disposición, honestidad, consideración, valentía]".
- "Tu inversión de [tiempo, recursos, alguna habilidad, oración, humor] marcó una gran diferencia".
- "Me dijo lo que hiciste. De verdad, muchas gracias".
- "Les encantó tu presentación".
- "Eres muy [eficiente, productivo, rápido, bueno] en esto".
- "Bien hecho".
- "Este equipo no sería lo mismo sin ti".
- "Eres un buen hombre".
- "Eres una madre maravillosa".
- "Me encanta que ayudes a los demás, mi amor".
- "Me haces muy feliz".
- "Eres muy bonita, cariño".
- "Me encanta tu ropa. ¡Tienes un gran sentido de la moda!".
- "Eres una amiga maravillosa".
- "De verdad me gusta pasar tiempo contigo".
- "Eres una persona muy especial".
- Jack y Tricia me dijeron cuánto te [respetan, admiran, aprecian]".

Preguntas para reflexionar

¿Cómo me va cuando digo estas frases con frecuencia a la gente que me importa más? ¿Y a las personas con las que necesito mejorar mi relación?

Para ser una persona que imparte elogios, necesitarás comunicar este tipo de afirmaciones ya sea oralmente, en tus correos electrónicos, notas, mensajes de texto y publicaciones sobre los demás… todos los días y muchas veces.

Si no eres como yo, te habrás dado cuenta de que te gustaría hacer esto más de lo que en realidad haces. Hay bastantes factores comunes que se atraviesan en el camino, nos detienen o le restan importancia al elogio. Seamos valientes e identifiquemos qué necesitamos para vencer estos obstáculos, qué debemos hacer y qué pasa si lo logramos. Como mencioné antes, lee con un lápiz a mano y marca o anota los obstáculos o factores que se apliquen a ti y en los que quieras o necesites trabajar más.

1. Di "gracias" aun cuando sea por algo que la otra persona "debería" haber hecho

Una de las maneras más importantes de elogiar es empezar a desarrollar el hábito de expresar "agradecimiento". A todo el mundo le encanta escuchar esas palabras, en especial a los hombres. (Lo digo por las estadísticas. En mi libro *Solo para mujeres*, aprenderás más sobre por qué "gracias" es el equivalente a "te amo" para los hombres).

Pero cuando comparto la importancia del agradecimiento, muchas veces he observado reacciones de asombro, incluso indignación. Una vez, una mamá preguntó: "¿Por qué debo agradecer a mi hijo cuando vacía el lavavajillas si es su tarea?". Un gerente se encogió de hombros y me dijo: "Sí, digo gracias si lo pienso, pero el salario es suficiente ¿no?". Otra mujer, a quien se le retó a que agradezca a su esposo con mayor frecuencia, estaba muy enojada: "Claaaaro", dijo volteando los ojos, "¡saquen los globos para la fiesta de agradecimiento!". Cuando le pregunté el porqué de su intensa (aunque no inusual) reacción, me contestó: "Es infantil e innecesario. Es un hombre adulto".

Incluso los que disfrutan decir elogios quizá tengan pensamientos inconscientes similares. Por ejemplo, cuando les conté la historia en el capítulo 4, quizá se preguntaron por qué estaba decepcionada de que solo una persona pensara en alentar al padre que cargaba a su hija de cuatro años para bajarla del tobogán inflable. Tal vez reflexionaron: *¿Por qué pensaste que deberían animarlo? Solo estaba haciendo lo que cualquier padre haría.*

Todas esas respuestas malinterpretan la naturaleza del elogio y la necesidad emocional de ser apreciado. Una palabra de agradecimiento, aprecio, amor o gratitud quizá no se necesite de la misma manera que el agua o la comida. Pero igual, es un combustible. Te mantiene en el camino emocional, de la misma manera que lo hace un cheque en lo financiero y la comida en lo físico. Y funciona igual para cada persona a tu alrededor sin importar si la acción es su responsabilidad o no. Como nuestra cultura está hecha de gente, estas palabras positivas mantienen a nuestra sociedad en curso: son esenciales si queremos cambiar el mundo en el que vivimos.

Creo que la mayoría conocemos la importancia del elogio y la afirmación positiva. Después de todo, también nos gusta recibirlos. Así que debemos ser honestos con nosotros mismos sobre una de las razones por las que no damos afirmaciones: nos sentimos con derecho a lo que hace la otra persona.

Jeff y yo hablamos de esto hace poco y me dijo algo muy interesante:

Creo que a veces sentimos que *me lo debes* o que *merezco lo que estás haciendo*. Esto significa que una de las razones por la que no elogiamos es por orgullo. Nos enfocamos en nosotros. No reconocemos lo que está en los otros o cuánto les cuesta realizar la acción que nos beneficia (incluso si es un *deber*). Es fácil olvidar que en realidad no *merecemos* nada. Todo lo que Dios nos da es un don ¿cierto? Así que todo es digno de elogio.

Para cualquier persona en nuestras vidas, ya sea hombre, mujer, cónyuge, hijo, maestro, jefe o empleado, puede ser fácil pensar *no tengo por qué decir estas palabras de elogio*. Pero por eso estamos haciendo el Reto de 30 días de bondad. Quizá no *tengas* que decir nada, pero si lo haces marcarás una gran diferencia. Alentará a los demás en la vida (y *a ti* también porque empezarás a ver incluso más cosas buenas de las que elogiaste al principio). En muchos casos, observarás cómo las otras personas se ofrecen a sí mismas a ti y a los demás, acciones a las que no les dabas la importancia debida o que no habías notado que existían.

Una mujer llamada Carly describió cómo su frustración y enojo con su hermana, que vivía con ella, cambió y empezó a tomar conciencia de una manera que no esperaba:

Mi hermana mayor vivía con nosotros porque necesitábamos una niñera y ella un hogar. Pero entre las dos hemos tenido un conflicto de personalidad durante los últimos diez años, así que la situación es complicada. Cuando hacía algo en la casa como cocinar, lavar la vajilla o cuidar a los niños, no lo veía como algo que requiriera agradecimiento porque era parte de su trabajo (según lo acordado cuando se mudó a vivir con nosotros). Pero me di cuenta de lo siguiente: es obvio que, como mamá de niños pequeños, siento que paso desapercibida la mayor parte del tiempo. Estoy segura de que ella se siente igual cuando no reconozco lo que hace para ayudarnos.

Además, tiene artritis y otros problemas de salud. Y, desde que he empezado a agradecerle de forma consciente, he visto algunos cambios, como el hecho de que prepara la cena aun cuando se siente mal. Sé que se sacrifica mucho por nosotros. Realmente no me había dado cuenta antes.

Cuando superamos este obstáculo y practicamos el elogio, la dinámica cambia tanto que muchas veces recibimos el tipo de afirmación que *necesitamos*.

Cuando le pregunté a Carly: "¿Observaste algunas diferencias en la relación con tu hermana?". Me respondió: "Sin duda. Ahora somos más cariñosas. Cuando éramos niñas nos queríamos mucho. Nos abrazábamos, nos sentábamos juntas en el sillón y compartíamos un helado mientras veíamos la televisión. Pero me di cuenta de que ya no soy así con mi hermana, y se debe a que sentía amargura contra ella. En el transcurso de estas pocas semanas he notado que el cariño ha vuelto. Para serte honesta, es algo que me agrada mucho. Estoy segura de que ella también lo extrañaba".

2. Ofrece respeto aun cuando no lo merezcan

Si alguien te ha lastimado profundamente o alguna persona en particular te ha enojado mucho, la idea de superar la negatividad y ofrecerle elogios a cambio parece ridícula y absurda. Tal vez has quedado destrozado por la traición de tu pareja o la crueldad de tu jefe. Quizá alguien era tan hostil o incompetente que gastaste mucho tiempo y energía oponiéndote a él. Es posible que la persona solo sea distante o difícil y tú hayas decidido guardar distancia. En cualquiera de esto casos, sería muy fácil preguntarse cómo (o si vale la pena) girar la situación en sentido opuesto y elogiar a la persona.

De hecho, habrá casos donde encontrar algo digno de elogio será muy difícil. Y expresar verbalmente el elogio será aún más difícil. La pregunta es: ¿Queremos mejorar la relación con esta persona, tener más paz interior y seguir el camino de Jesús? Si la respuesta a cualquier parte de esta pregunta es sí, entonces debemos decidir si estamos dispuestos, como se describe en el capítulo 1, a tratarlos como nos gustaría que nos trataran. Y si es así, esto significa no solo eliminar la negatividad, sino practicar la afirmación positiva, sin importar lo difícil que sea.

Cuando empecé la investigación para este libro, una de mis amigas estaba teniendo momentos muy difíciles con el entrenador de fútbol de su hijo. El niño tiene trece años y es un portero muy hábil. El entrenador (para convencerlo de unirse al equipo) le prometió que nunca tendría que entrenar o jugar los domingos. Pero al poco tiempo empezó a programar juegos ese día y le decía que si faltaba sus compañeros perderían y sería por su culpa. Lo decía de forma cruel y además usaba un lenguaje abusivo y rudo con los niños.

Furiosa, mi amiga fue a hablar con él. Cuando el entrenador se negó a cambiar, ella se enojó más. Con el tiempo, se dio cuenta de que estaba siendo tan desconsiderada como él con los niños, el círculo era cada vez peor y su hijo veía y absorbía todo como si fuera la norma para arreglar los problemas.

En vez de sacar al niño del equipo (lo cual habría causado otros problemas porque lo estaban evaluando y seleccionando para equipos de la secundaria), cambió la forma de relacionarse con el entrenador, al que consideraba despreciable. Se dio cuenta de que no solo tenía que deshacerse de las duras críticas, sino que también debía encontrar algún modo de tratarlo de manera más o menos respetuosa. Con el tiempo descubrió que la única forma de hacerlo era hablarle siempre con respeto y agradecerle por lo que ya *había hecho* por los niños, mientras seguía presionando por los cambios que aún no hacía.

Recuerda: esto no significa negarse a ver los patrones de conducta abusiva, soportar tratos terribles u ofrecer excusas por la incompetencia. Esta mamá siguió presionando fuertemente al entrenador y a la liga para que alcanzaran un alto nivel de profesionalismo hasta el día en que la temporada terminó; sencillamente, se negó a bajarse de nivel mientras lo hizo. De hecho, sus acciones la transformaron ¡pese a que dijo que al final lograron cambiar muy poco la conducta del entrenador! Además, nos dijo que su hijo se dio cuenta del contraste entre dos opciones diferentes de cómo la gente actúa y se relaciona en la vida, y cuál de ellas había elegido.

Tal vez vives una situación así en tu lugar de trabajo. Quizá hayas decidido que uno de tus empleados no se ajusta al puesto y debes despedirlo. Pero cuando tengas esa conversación difícil, usa un tono amable y respetuoso. Y elogia a la persona en las cosas que aprecias de ella para que sepa dónde podrían encajar mejor en el futuro.

Conozco a un empresario que tiene una buena reputación por este tipo de respeto y bondad hacia los demás, incluso en situaciones difíciles. Tiene su negocio bien organizado y ha tenido que despedir a gente que no le funciona. Pese a ello, muchos de los empleados que tuvo que despedir han colocado su nombre *como referencia* cuando solicitan empleo en otras partes. Este empresario es tan bueno en pensar y ofrecer elogios sobre las *fortalezas* de los empleados que estos quisieran que sus futuros empleadores hablaran con el hombre que los despidió. Creo que es extraordinario y marca el tipo de líder al que todos debemos aspirar.

Pero ¿y qué sucede en el caso de que haya habido un problema más grave, como una traición personal profunda? Varios participantes aceptaron el Reto de 30 días de bondad para curar un matrimonio que sufría las consecuencias de la infidelidad. Algunos decidieron no terminar el programa. Pero quienes lo lograron, por lo general vieron un cambio que hizo mucho más fácil curar sus heridas. Así lo señala una mujer:

> Mi esposo tuvo una aventura amorosa, por lo que el último año ha sido muy difícil. Este Reto me ayudó a avanzar de forma positiva. Jamás me había dado cuenta de con cuanta frecuencia hablaba mal de él con los demás o qué tan negativamente abordaba las cosas con él. Me ayudó a ver lo mucho que mi actitud afectaba la reconciliación de nuestro matrimonio y cuánta afirmación nos hacía falta. Ahora que soy más positiva, lo veo hacer pequeñas cosas como decirme que me ama, esperarme en vez de caminar delante de mí, mandarme mensajes de texto y contarme cómo fue su día. Estoy muy agradecida.

Cuando superamos este obstáculo y practicamos el elogio, no solo nuestra relación mejora, también nos libera.

Si pensamos *mi jefe/esposo/amigo no merece mis elogios*, es una señal de que nos han herido de forma profunda. Y la mayoría sabemos que, si nos han lastimado, la clave para ser libres es perdonar. Puede ser muy difícil, pero los elogios nos ayudan a lograrlo.

3. Busca la reconciliación aunque prefieras seguir luchando

Reconozcamos que, algunas veces, las personas nos exasperan. O quizá solo una en particular. Tal vez estamos cansados, estresados o enojados por algo que no tiene que ver con ellas. ¡O quizá sí es por ellas! De todos modos, cuando estamos molestos, preferimos seguir luchando en lugar de buscar la reconciliación. Al menos, en ese momento.

Sin embargo, es precisamente entonces cuando la bondad es lo más importante. Es decir, cuando actuamos como la persona bondadosa que hemos decidido ser. Incluso si todo nuestro ser prefiere entrar en combate.

Entrevisté a Mya una semana después que terminara el Reto de 30 días de bondad para sanar una relación difícil con su suegra, quien a diario cuidaba a sus hijas gemelas, pero que tenía una hiriente tendencia a comportarse de forma pasiva-agresiva. Me llamó la atención su respuesta cuando le dije a Mya: "Así que terminaste el Reto hace una semana. ¿Cómo te has sentido?".

Ah, mmmm. Es gracioso que me preguntes. Al día siguiente que terminé el Reto, mi suegra hizo algo que me sacó de quicio. Las niñas estaban en casa con mi esposo porque tuvo el día libre. Mi suegra me llamó, pero yo estaba en una reunión. Después recibí un mensaje de voz que decía: "Bueno, quería invitarte a almorzar, pero estabas demasiado ocupada para contestar mi llamada. Así que fui a un lugar encantador y la pasé muy bien sin ti. Qué pena que no pudieras contestar el teléfono". Mi parte inmadura pensó: *¡Qué bueno que el Reto ha terminado!*

No debí haber dejado que hiriera mis sentimientos, pero así sucedió. Lo bueno es que, durante los treinta días, aprendí que aparentar hasta sentir algo positivo puede ser algo muy bueno. Si eliges comportarte de manera positiva, debes esperar a que tus emociones sigan a tus acciones. Así que dejé este mensaje de voz: "Discúlpame por no haber podido contestar tu llamada. Me alegra que te hayas divertido".

Al responder de esta manera, tuve toda la noche para desechar mi orgullo, borrar mi amargura y elegir ser bondadosa en vez de fría. No quiero ser pasivo-agresiva con ella. Bueno… *sí quiero*, pero *decidí* no serlo. Todo se trata de eso. No siempre puedes elegir tus sentimientos, pero sí puedes decidir tu comportamiento.

> **Cuando superamos este obstáculo y practicamos el elogio, reducimos el conflicto, sentimos más paz y descubrimos que (con el tiempo) nuestros sentimientos seguirán a las acciones.**

Cuando ejercitamos el autocontrol y evitamos pelear, hay un beneficio automático: menos conflicto. Y no es una paz falsa, es real. Como explicó Mya: "Durante los treinta días descubrí cuánto se calma una situación tensa si haces algo amable en vez de insistir en tener la última palabra. Es sorprendente lo que hace el aprecio para calmar el conflicto y traer verdadera reconciliación".

4. Identifica las cosas buenas que antes no veías

Quizá no deseamos pelear, solo estamos ciegos. El comentario "no había notado esto" es uno de los más comunes entre la gente que está haciendo el Reto de 30 días de bondad. Y señala una razón importante por la que el Reto es tan eficaz: no es una fórmula mágica, más bien cura la ceguera a la bondad. Nos hace ver lo bueno que ha estado ahí todo el tiempo, pero que no lo habíamos reconocido de forma debida. Porque si no lo vemos ¡no lo decimos!

Una mujer llamada Renée describió una dinámica común en la compañía de telecomunicaciones donde trabajaba: "Los elogios no eran una prioridad. La única vez que el supervisor se acercaba a cada estación era cuando literalmente había un problema y preguntaba por qué tardábamos tanto tiempo en resolver las llamadas. Nunca prestó atención cuando algún cliente se sintió tan satisfecho que escribió comentarios positivos. Era como si la empresa tuviera *ceguera a lo bueno*, a menos que lo señalaras. Y después de un tiempo, todos los empleados se cansan de gritar sobre sus escritorios: '¡Mírenme!'. Por eso hay tantos cambios de personal".

Hizo una pausa, luego sonrió con tristeza: "Me encanta donde estoy ahora, pero la experiencia pasada hizo que tomara conciencia de las cosas dignas de elogio. Ahora, cuando estoy atendiendo a algún cliente, *siempre* me aseguro de decirle algo positivo, porque sé que en su ambiente le hace falta. Cuando somos conscientes de ello, debemos actuar al respecto".

Cuando superamos este obstáculo y practicamos el elogio en nuestras relaciones difíciles, empezamos a ver cosas dignas de elogio en todas partes.

Es más, cuando vemos y decimos las cosas que apreciamos, estas se multiplican. Y de seguro que los demás nos apreciarán.

Después de que Renée describiera sus esfuerzos para decir cosas positivas, su colega asintió: "Mi antigua compañía era muy buena para eso. En las reuniones mensuales de liderazgo, el presidente reconocía públicamente a los empleados que se habían destacado (y estos no sabían que alguien lo había notado). Pero cuando eres consciente de que otros *observan* las cosas buenas que pasan, te motivas a hacerlas aún mejor. Ver que mi director elogia a otros por las pequeñas cosas, no solo me demuestra que valora la afirmación positiva, también que pone atención a lo que pasa en la empresa".

5. Exprésales agradecimiento en vez de suponer que ya lo saben

Muchas veces pensamos que la otra persona (o un grupo) ya sabe cómo nos sentimos respecto a ella. Y si no lo saben, deberían.

¿Cierto?

Este asunto es muy importante y afecta a casi todos los seres humanos. Reconozco mi grave culpa respecto a mi equipo y otros colegas cercanos. Tengo un grupo increíble de empleados talentosos, contratistas y socios de publicación que trabajan muy duro. *Me siento* muy agradecida por cada uno de ellos. Pero, ¿sienten ellos lo mismo que yo siento? No. ¿Sabrá Linda, mi directora de personal desde hace mucho tiempo, que le dije a alguien que no podría haber logrado la mitad de lo que he hecho sin su ayuda? ¿Sabrá Teresa, mi maravillosa asistente, la gratitud que siento cada vez que alguien me recoge del aeropuerto y me comenta lo servicial que es? ¿Podrá Carolina, mi administradora de contenidos digitales, imaginar lo que me asombra que se mantenga al día en cada detalle del contenido en los medios sociales y además sea capaz de criar dos niños pequeños?

No hay forma de que alguien pueda saber tu gratitud, aprecio, amor o cualquier otro pensamiento o sentimiento, si no se lo dices. (¿Compensará por tantos años de no haber expresado aprecio si lo publicas en un libro?).

Nuestra investigación, a lo largo de los años, ha demostrado que los esposos en particular, deben estar conscientes de este importante asunto. Señores, la información confirma que, en la mayoría de los casos, ustedes adoran a sus esposas…, pero suponen que ellas ya lo saben. Reconsidera esto. Tu esposa no solo es incapaz de escuchar tus pensamientos, quizá dude en su subconsciente si realmente es una mujer amada y adorable. Nuestra investigación a nivel nacional ha demostrado que ocho de cada diez esposas en nuestro sondeo sufren de estas dudas internas: *¿Estará contento de haberse casado conmigo? ¿Me elegiría otra vez?*

Hombres, quizá piensen que su duro trabajo para proveer a su esposa y familia es la expresión más tangible de cuánto se preocupan por ella. Tal vez les sorprenda descubrir que, según las estadísticas, la acción que de manera más concreta dice "me importas" es estar al lado de ella. Y, aunque tu trabajo de padre de familia es valorado, también te *alejas* de ella muchas horas al día, por eso es muy probable que realmente necesite escuchar tus palabras de afecto, aprecio y gratitud. (Si quieres hacer el Reto para tu esposa, consulta el capítulo 9).

Cuando superamos este obstáculo y practicamos el elogio, brindamos seguridad a la otra persona, lo cual nos beneficia porque actuará con más confianza en vez de inseguridad o sensibilidad extrema.

Por ejemplo, cuando tu esposa observa gratitud tangible todos los días, se relaja al *saber* que te importa. Te sorprenderás al mirar atrás y darte cuenta de que *no hemos tenido muchos conflictos.* *¿Por qué?* Bueno, por ejemplo, cuando tu esposa está segura de que la quieres, ya no actúa por inseguridad; ya no agranda los conflictos mientras les busca solución; es capaz de calmarse y reflexionar que el problema no tiene que ver con el amor; piensa con confianza *"no quiso decir eso"* o *"solo tuvo un mal día"*; ve más allá y lo supera.

No importa si eres hombre o mujer, todos necesitamos escuchar elogios para creer de manera subconsciente en la afirmación positiva que está de fondo.

6. Reconoce lo que hace en vez de enfocarte en lo que no ha hecho

Tal vez no haya serios problemas del pasado, solo estás insatisfecho. No ves cosas dignas de elogio, pero sí notas todo lo que no te gusta.

Por lo general, esto pasa por dos razones: comparaciones sesgadas (*por qué no puede ser más como...*) y falsas expectativas (*si le importara, lo haría*). La mayoría tenemos la tendencia humana a mirar por encima de los hombros de la persona de nuestra vida (esposo, hijo, colega), observar un rasgo particular que admiramos en otra persona... y sentirnos insatisfechos con quien está frente a nosotros. Pero hay una trampa: casi siempre comparamos algo malo de nuestra persona con algo bueno de la otra.

Quizá sientas algo de envidia por la enorme casa de aquella familia y te moleste la tuya, tan modesta; pero no ves que, dentro de esas finas paredes de albañilería, hay discusiones horribles, adicciones, silencio sepulcral o infidelidad. Tal vez envidias el otro departamento en tu oficina, ese que tiene los viernes libres, pero no reconoces que su jefe es un tirano o que tú tienes unos colegas muy comprensivos. Es posible que sientas envidia de ese estudiante al que se le hacen fáciles las fórmulas de ingeniería, pero no te das cuenta de que él siente envidia de *ti* porque sin esfuerzo puedes plasmar tus pensamientos en papel.

Siempre hay algo que podemos elogiar cuando dejamos de comparar y aprendemos a ver y apreciar lo que alguien tiene que ofrecer (¡incluyéndonos!).

Hace muchos años que conozco a la directora del ministerio de damas de una de las iglesias más grandes del país. Me senté con ella, le expliqué el Reto de los 30 días de bondad y le pedí sus sugerencias. Me dijo:

¡Ay! ¡Has descrito algo que me sucedió! Tuve siempre un buen matrimonio, pero también esa pequeña insatisfacción. Me concentraba demasiado en lo negativo. Y un día descubrí dos verdades en las Escrituras: la primera, el mandamiento de regocijarse siempre y agradecer por todo. Y la segunda, la instrucción de permitir que cada mujer respete a *su* esposo. De repente me di cuenta no solo de que comparaba a mi esposo y esperaba que fuera como los de las demás mujeres, sino que veía las cosas buenas de los otros y las comparaba con las malas del mío.

Ese día, sentí que Dios me reprendía severamente que debía apreciar a *mi* esposo y lo que *él* hace. Cuando empecé a fijarme, observé cada vez más que era un hombre maravilloso que cuidaba de mí y de nuestros hijos.

Le dije cuánto lo apreciaba: "Gracias por cuidarnos". "Gracias por llevar a los niños al parque". "Gracias por enseñarle a Joey la forma correcta de tomar la raqueta de tenis". Lo hice en todo lo posible. Mi perspectiva sufrió un cambio. Y *él* cambió. Quería ser mejor para mí. Deseaba hacer *más* por mí. Respetarlo y reconocerlo por lo que es ha revolucionado nuestra relación. Fue casi como si le hubiera dado a él la capacidad de desarrollarse y florecer y alcanzar la grandeza que siempre estuvo allí presente.

A veces las mujeres decimos: "Pero no lo respeto, entonces ¿estoy mintiendo?" No. Reconozco lo que hace bien, aunque todavía espero que alcance y supere el nivel al cual Dios lo ha llamado. Todos necesitamos elogios y afirmaciones positivas por lo que hacemos bien, pero en el matrimonio, los hombres lo necesitan más. Progresan con eso. Dios nos dará la clave para sus corazones si tan solo lo ponemos en práctica.

Cuando superamos este obstáculo y practicamos el elogio, nos sentimos mucho más satisfechos con lo que tenemos.

Estar resuelto a elogiar es el antídoto para la tendencia humana de concentrarse en lo que *no* tenemos en vez de hacerlo en lo que *ya* tenemos. Es la receta para alcanzar la felicidad sin importar la situación. Y entre más agradecemos lo que otros hacen bien, empezamos a sentir compasión por ellos, lo que nos produce un comportamiento menos exigente y criticón. (Por cierto, obtenemos este mismo resultado si lo aplicamos a nosotros mismos, cuando nos esforzamos por ver lo que estamos haciendo bien, en vez de hacer lo contrario).

7. Anima a otros sin preocuparte si te afecta negativamente

Recibí una reacción intensa cuando le dije a una mujer que su relación con un colega difícil (ella estaba convencida de que él había
logrado ascender de puesto gracias a la ayuda de sus amigotes de la
oficina) mejoraría si encontraba cosas que agradecerle o elogiarlo
de forma sincera.

"¿Por qué debo rebajarme de esa manera?", preguntó incrédula,
"todo el tiempo que llevo aquí he luchado para que me vean como
una profesional del mismo nivel. Soy buena en lo que hago y no
tengo que inflarle el ego a nadie para salir adelante. No voy a entrar
en ese juego".

Es interesante que muchos vemos el elogio como si fuera complacer a los demás o como algo que nos rebaja de alguna manera.
Esto también muestra un entendimiento equivocado de la naturaleza del elogio o la afirmación, en particular sobre cómo lo ven
los demás. Efectivamente, es cierto que hay quienes ven el elogio
sencillamente como una obligación de parte suya. Pero son muchos
menos de lo que la mayoría cree. Por ejemplo, muchas mujeres creen
que los hombres tienen grandes egos. Pero en cada encuesta que he
realizado, al menos el 75 por ciento de los varones indicó que su ego
tan solo es una máscara que esconde una gran inseguridad.

Todo el mundo sufre de inseguridades. Cada ser humano tiene
dudas y preocupaciones. Así que la mayoría valora el elogio y la
afirmación sincera (sin menospreciarla).

**Cuando superamos este obstáculo y practicamos el elogio,
las personas tienen un mejor concepto de *nosotros*.**

Esto ha sido claro durante todos los años de mi investigación. No
importa si es una relación íntima (esposo, hijo) o una cercana
(cliente), la decisión de expresar afirmación genuina casi siempre

construye gratitud, respeto mutuo y una respuesta similar. Siempre y cuando nuestro elogio sea honesto, los esposos, clientes o jefes nos considerarán lo suficientemente inteligentes como para ver el valor de los demás y bastante seguros para decirlo. Nos verán como personas que de verdad se preocupan por los demás y, en consecuencia, nos respetarán.

8. Elogia su manera de ser en vez de tratar de controlarla según la tuya

Hay otra razón escurridiza por la que algunos no siempre ofrecemos el elogio y la afirmación positiva que los demás necesitan: hay acciones que no vemos como dignas de elogio sencillamente porque no han sido hechas según *nuestra* manera. Peor aún, quizá consideremos que algunas acciones son deficientes cuando en realidad no hay nada malo en ellas, tan solo reflejan diferencias de opinión en cuanto a la manera en que se llevan a cabo. Ser controlador evita que puedas elogiar los esfuerzos de otros y muchas veces se vuelve en nuestra contra. Una esposa y madre de tres hijos lo explica de esta manera:

Cuando buscaba cómo elogiar a mi marido, descubrí lo controladora que soy al darme cuenta de que lo hacía todo. Dado que mi marido trabaja en el turno de noche, a veces me siento como madre soltera. Hago las compras, cuido a los niños, coordino los horarios. En realidad no lo he dejado hacer nada. Siempre supuse que no quería hacerlo y me decía a mí misma: *Bueno, si él no va a hacerlo, alguien tiene que hacerlo*. Pero me di cuenta de que nunca le dejé su espacio ni le di la oportunidad de hacer cosas a su modo sin criticarlo. Cuando tomábamos decisiones sobre los niños, él emitía su opinión y, sin mala intención, yo respondía: "Bueno, yo estoy aquí todo el tiempo, así que lo haremos de esta forma". Con razón me dejaba sola. Y, con razón, al principio me costó tanto trabajo encontrar cosas que elogiarle.

Una mujer sollozó cuando describió su momento de iluminación:

> Descubrí exactamente por qué mi esposo no hacía mucho por la casa: ¡porque siempre critico la manera en que lo hace en lugar de agradecerle! Anoche, dobló y guardó toda la ropa limpia, pero la empujó en los cajones de nuestro hijo. Me detuve medio segundo antes de decirle que lo estaba haciendo mal. Me di cuenta de que no es tan importante que lo haga de la manera que yo quiera, sino que lo haga. Si es algo realmente importante, podemos tratarlo después. Pero lo que él necesitaba en ese momento era un "gracias" sincero.

Un hombre que conocí viajando estuvo de acuerdo. "Si mi novia me dice 'Gracias, pero debiste haberlo hecho de esta forma' es como si me hubiera dado una puñalada en el estómago. Es el gracias pero 'no gracias'. No sé si se dará cuenta de que todo lo dicho después de la palabra 'pero' queda cancelado por lo que dijo antes. ¡Claro! Si en cambio ve algo que hice y me agradece de forma simple y sincera ¡me siento en las nubes!". Muchos hombres me han dicho: "Puedo escuchar lo que necesito cambiar después, pero cuando hago un esfuerzo, necesito que me digan que me aprecian".

Para muchos de nosotros, puede ser difícil dejar pasar lo que nos molesta y poder reconocer que las correcciones no importan (librarse de esa sensación de que la afirmación positiva puede hacer que alguien se salga con la suya o no asuma su responsabilidad). Una mujer que entrevisté entendió esto mientras su esposo empezaba a combatir con éxito una larga adicción a la pornografía y, justo cuando ella iniciaba el Reto de 30 días de bondad, me dijo: "Durante años traté de controlar la situación sin lograrlo. Ahora va a un grupo de apoyo y ve los videos que le recomiendan. Enfatizan que esto debe ser *su propio* proceso y responsabilidad. Me doy cuenta, ahora que le di el ultimátum y que ha hecho lo que le pedí, ¡que me siento fuera de control! Debo deshacerme de esa idea de que en el momento en que lo felicite se sentirá con derecho a detener el proceso".

> **Cuando superamos este obstáculo y practicamos el elogio, empezamos a ver que su manera de hacer las cosas es quizá una buena opción.**
>
> Cuando nos esforzamos por deshacernos de nuestras ideas preconcebidas, descubrimos rápidamente cosas dignas de elogio en la manera de actuar de la otra persona y nos damos cuenta de que quizá no hay una manera correcta o incorrecta de hacer las cosas, tan solo opiniones diferentes. Incluso cuando se cometan verdaderos errores, seremos más benevolentes con ellos porque reconoceremos que nosotros tampoco hacemos todo perfecto.

9. Aparta tiempo para elogiar, aun cuando tu agenda esté muy apretada

Aun cuando no digamos "estoy muy ocupado para enfocarme en esto", muchas veces lo hemos pensado en nuestro subconsciente. Una mujer expresó el grito de muchas madres ocupadas: "¡Apenas tengo tiempo para respirar entre las actividades de los niños! De verdad, a veces solo quiero dejar a mi hijo en el fútbol, quedarme sentada en el coche en el estacionamiento y dormir… o llorar. No tengo la energía emocional para concentrarme en encontrar cosas por las cuales apreciar a mi esposo". Sus palabras revelan una suposición subconsciente de que descubrir cosas para elogiar requiere de energía y esfuerzo. Y si así fuera el caso, la siguiente parada lógica en la secuencia de pensamiento es decidir dejar este asunto para más tarde. *Después de abril. Cuando se termine el colegio. Cuando las cosas se estabilicen en el trabajo. Después del próximo presupuesto. Cuando mi vida se calme.*

Pero es raro que la vida llegue a calmarse. No necesitamos esperar a que llegue un determinado periodo de tiempo o energía; solo debemos expresar unas palabras en el momento en que notamos algo digno de afirmación positiva. "Te luce bien ese color". "¡Oh! Qué increíble que pudiste llegar a tiempo con este tránsito. Gracias". "¡Muy buen informe! Creo que los convencerás". "Tu comentario en la junta de esta mañana fue muy bueno". "Vi que sacaste una excelente nota en el examen. Gracias por esforzarte, cariño".

Es todo lo que necesitas para empezar. Y el tremendo impacto que verás, hará que te preguntes por qué no lo hiciste antes.

Cuando superamos este obstáculo y practicamos el elogio, veremos que la otra persona ¡querrá hacer más de lo que la llevó a obtener la afirmación positiva!

Como describió un hombre: "En mi trabajo anterior, la gerencia no tenía tiempo para esas cosas. Era como si pensaran: *Tenemos el tiempo y la energía tan limitados que no podemos gastarlo hablando sobre nuestros sentimientos o alentando a la gente.* Todo giraba en torno al rendimiento y más rendimiento; ¡pero ese rendimiento lo llevan a cabo seres humanos con emociones! Así que, en términos de resultados, no tenía sentido. Claro, no nos gusta desperdiciar el tiempo, pero si hoy te tomas diez segundos para decirme "hiciste esto muy bien", me esforzaré al máximo durante las siguientes dos semanas. *Eso* sí que es alto rendimiento.

10. Elógialos por las cosas menores que necesiten en vez de atascarte en lo que tú necesitas

Por último, uno de los mayores obstáculos también es uno de los más difíciles de detectar: no sabemos cómo elogiar a los demás según lo que más deseen o necesiten. Como el elogio hablado no es muy natural, no lo hacemos con frecuencia. Las consecuencias de este patrón de conducta aumentan conforme la relación sea más estrecha y alcanzan su máximo en los matrimonios.

Uno de los descubrimientos más dolorosos en todos mis años de investigación ha sido que la mayoría de los conflictos matrimoniales no son causados por grandes problemas, sino por cosas tan trágicamente tontas como la falta de información correcta. Por lo general, los cónyuges se preocupan el uno por el otro (casi el 100 por ciento en nuestras encuestas, incluso entre las parejas que tienen dificultades) y se esfuerzan bastante. Pero, como cada uno no necesariamente entiende o reconoce las necesidades e inseguridades del otro (por lo general, relacionadas con el género o el lenguaje del amor), tienden a esforzarse en las áreas equivocadas. Un esposo abre su corazón y le da a su esposa lo que él quisiera, pero no se da cuenta de que tan solo logra un impacto pequeño en su compañera. Y viceversa. Peor aún, cada uno lastima al otro sin haber tenido la intención de hacerlo. Y la herida empeora, cada persona se convence de que al otro no le importa y el matrimonio empieza a caer en picada.

Según las investigaciones, es claro que a hombres y mujeres les afecta de forma diferente las distintas clases de elogio y afirmación. Según las estadísticas, a los hombres los validan más los elogios que dicen: "Eres bueno en lo que haces" y "eres atractivo". En cambio, a las mujeres las validan más estos elogios: "Eres especial por ser tal como eres", "eres hermosa y adorable" y "significas mucho para mí".

Cuando una esposa, novia o mamá nota que un hombre ayuda en la vida cotidiana y se lo agradece ("gracias por vaciar el lavavajillas", "gracias por ponerle gasolina al coche"), para él es más importante que escuchar "te amo". De hecho, resulta que "gracias" es la versión masculina de "te amo". Con razón el sexo también tiene un gran poder de afirmación para la mayoría de los esposos. En la investigación para mi libro *Solo para mujeres*, descubrimos que, para un hombre, la relación sexual de hecho satisface una necesidad emocional, más que una necesidad física.

Por otro lado, cuando un esposo, novio o papá con frecuencia afirma su amor y devoción a una mujer ("no puedo creer que me casaré contigo", "te amo tanto"), le expresa lo hermosa y especial que es, o cuando detiene una discusión emocional para darle un gran abrazo, es mucho más significativo que si le dijera: "Gracias por lavar la ropa".

Claro, el problema es que para las mujeres es más fácil decirle a su pareja "te amo". ¡Les sale natural! Lo primero que no sale natural es identificar las acciones de su esposo y decirle "gracias". Y lo segundo que no nace de forma tan natural para la mayoría de las mujeres es iniciar la relación sexual. Sin embargo, ambas cosas son muy importantes para los hombres. En cambio, es más fácil para la mayoría de los hombres decir "gracias" o dar inicio a la relación sexual. Lo que a los hombres no les nace de forma natural es decir: "eres tan hermosa" o tomar la iniciativa durante una discusión y darle a su esposa un abrazo tranquilizador. Sin embargo, esta clase de afirmación es la que ella más necesita.

Tenemos que aprender a desarrollar nuevos hábitos de conducta. Estos hábitos trascienden nuestra identidad de hombres y mujeres y alcanzan otras maneras de expresar elogios, no solo el contenido de estos sino cómo saber decirlos de una manera que sea importante para la otra persona y no para nosotros.

Cuando superamos este obstáculo y practicamos el elogio, es más probable que recibamos lo que necesitamos.

Me sorprende la diferencia que marca un poco de nueva información. Durante más de diez años, nuestra investigación ha seguido revelando esta paradoja en torno a crear relaciones maravillosas: cuando nos concentramos en aprender y ofrecer lo que la otra persona necesita, será mucho más probable que, en consecuencia, recibamos lo que necesitamos. Aunque cada situación es diferente y, tristemente, no siempre funciona de esta manera, he calculado que esta paradoja logra tener éxito entre un 80-90 por ciento de las relaciones representadas por los quince mil hombres y mujeres que hemos entrevistado en los últimos años.

"MÁTALOS CON DULZURA"

Seguro has escuchado este gran pensamiento atribuido a Albert Einstein: la definición de locura es hacer lo mismo una y otra vez, y esperar que el resultado sea diferente. Aprendamos la lección. Si queremos que una persona en nuestra vida haga más de lo que queremos y menos de lo que nos saca de quicio, dejemos ya de persuadir, criticar y empujarlos hacia otro camino. En vez de esto, practiquemos el elogio.

Sé que es difícil. Una mujer me describió su ambiente laboral disfuncional y le pregunté: "Si estás en esa cultura ¿entonces qué haces?" Sonrió y me contestó: "Mi papá siempre me decía: 'Mátalos con dulzura. Sé dulce con alguien hasta que ya no puedas más. Y luego sé dulce un poco más'. ¡Eso hago!".

Claro, la pregunta es *cómo* los "matamos con dulzura". Evitar la negatividad es una parte de la solución. Practicar el elogio es otra. Pero el tercer aspecto de la bondad implica *hacer* algo generoso por alguien más. Por suerte, lograrlo es mucho más simple de lo que creemos. A continuación, veremos este elemento final del Reto de 30 días de bondad.

8

Realiza actos de bondad
Ocho formas de hacerlos

Elemento #3 Cada día, realiza un pequeño acto de bondad o generosidad para la persona de tu enfoque.

De pequeña, se me hacía difícil hacer amigos. Era la niña que nadie quería. Aunque estaba desesperada por pertenecer a un grupo, no sabía cómo. Hablaba demasiado y muy alto. Cuando alguien contaba una historia, interrumpía para decir "¡yo también!" o no tenía idea de qué responder. Mis padres, preocupados, trataron de ayudarme y alentaron mi deseo de hacer actividades con otros (obras de teatro escolares, ballet, servicio a la comunidad), pero casi siempre producía un efecto indeseado. Estaba tan desconcertada ¡porque atraer la atención no hacía que la gente me quisiera!

Luego, cuando empecé el sexto grado, vivimos una tragedia terrible y perdí a un miembro de la familia que era como mi hermano mayor (alguien que me amaba tal como yo era). Abrumada por todo, caí en depresión y tendencias suicidas. Mis padres encontraron un buen consejero que me ayudó con la crisis inmediata, pero no hizo mucho por la razón de mi depresión: era una niña extrovertida y amigable que no sabía cómo hacer amigos.

Un año después, en vacaciones de verano en casa de mis abuelos, mi abuelo hizo algo extraño: le dio a su nieta triste de doce años una copia antigua del libro clásico de los negocios *Cómo ganar amigos e influir sobre las personas*, de Dale Carnegie. Cuando lo leí, me asombré al darme cuenta de que estaba haciendo todo mal.

Cuando regresé al colegio, saqué las estrategias de Carnegie e hice algunos cambios: en vez de hablar sobre mí, les preguntaba a los demás sobre ellos. En vez de decir "yo también", le decía a la persona de al lado "¿y qué me cuentas?". En vez de dudar cuando no sabía qué decir, aprendí a mostrar una curiosidad genuina en los demás. Como Carnegie señaló, cuando le pides a otras personas que hablen de ellas ("¿Qué hizo tu familia este verano?" "¿Tienes mascotas?" "¿Qué es lo que más te gusta de estar en el espectáculo?") ¡piensan que eres el mejor conversador del mundo!

Descubrí que todo era cierto. La gente empezó a responder de forma diferente. Estoy segura de que no era totalmente generosa ni me enfocaba en los demás, pero con el paso del tiempo, desarrollé amistades maduras por primera vez. Y hoy mi extrovertido corazón está feliz de tener muchos amigos maravillosos.

TODO SE TRATA DE GENEROSIDAD

Quizá te preguntes qué tiene que ver la bondad con la vida de una preadolescente que está aprendiendo qué es la amistad. Resulta que todo. Una parte crucial de la bondad involucra poner primero a los demás y concentrarse en ellos (no en ti) por medio de actos de generosidad. La verdad, mi abuelo y Dale Carnegie me enseñaron esto: incluso el más insignificante acto de generosidad (como preguntarle a la gente sobre su vida) cambia la visión que tienen los demás de ti, de ellos y de la relación. Y por lo general esto también se traduce en más alegría para ti.

Quizá nunca pensaste que preguntarle a alguien: "¿Cómo te fue en tus vacaciones de verano?" puede ser un acto de bondad. ¡Únete al club! Creo que nuestras mentes de inmediato se transportan a los actos de bondad altruista que solemos hacer o escuchamos. Quizá hayas pagado la cuenta por adelantado de esa familia muy pobre que viste en el restaurante, hayas invitado a un café a un amigo sin preguntarle, o le hayas dado una tarjeta de aliento a un colega que pasaba por un momento difícil. Y si esta clase de actos fueran todo de lo que hablamos, sería fácil asumir que este asunto de la bondad es algo lindo, pero no tiene mucho impacto a menos que lo hagas a gran escala, con mucha gente actuando al mismo tiempo.

Pero los actos de bondad altruista solo son una clase de bondad. Cuando empecé a catalogar los patrones de los que tomaban el Reto de 30 días de bondad, me sorprendí al descubrir que había *ocho tipos de bondad*, todos importantes y que causan un impacto de generosidad. Y hasta el último de ellos, si se hace con frecuencia, lleva a grandes cambios en la relación y en tu manera de disfrutarla.

De hecho, muchos investigadores en torno al tema del matrimonio (incluyendo a John Gottman, autor del importante libro *Why Marriages Succeed or Fail*, y Brad Wilcox de la Universidad de Virginia) concluyeron lo mismo que yo en mi investigación para el libro *Matrimonios espectaculares: Los pequeños secretos que hacen la gran diferencia*: un elemento clave para predecir si una pareja es feliz es que, al menos uno de los cónyuges, realice con frecuencia pequeños actos de bondad y generosidad marital por el otro.[29] Estas acciones incluyen muchos de esos ocho tipos.

Y no solo se detiene en el tema del matrimonio. Si somos generosos con una persona cercana, con la que tenemos una relación difícil, un colega del trabajo o un extraño en la tienda, los simples actos de generosidad valen la pena.

SIN EXPECTATIVAS

Hay una advertencia: si queremos que nuestros pequeños actos tengan un impacto positivo en otra persona, en nosotros y en la relación, debemos hacerlos de forma incondicional, es decir, sin esperar nada a cambio. Observé esto una y otra vez en la investigación. Cuando hacemos un acto de bondad esperando aprecio, que hagan algo por nosotros, incluso una señal visible de que nuestra generosidad causó un impacto, es probable que produzca un efecto indeseado, porque si no vemos lo que estamos buscando, con facilidad nos volvemos impacientes o resentidos. Y es casi seguro que cualquiera de estos dos efectos produzca problemas peores.

Como me dijo una participante del Reto de 30 días de bondad:

Definitivamente, para mí lo más difícil ha sido no decir: "¿Viste la buena obra que hice?". Pero eso es dar esperando recibir. La segunda cosa más difícil fueron las semanas en las que sentía que mi hija se comportaba tan exasperantemente como de costumbre y nada de lo que yo hacía marcaría la mínima diferencia. Quise parar. Pero claro, eso sería amor condicional. Y todos sabemos que la bondad debe surgir del amor *incondicional*. Ser amable es fácil cuando te sientes bien, tu hija es un encanto y no te voltea los ojos.

Todos sabemos que el verdadero amor no exige condiciones. Así que debes pedir a Dios por ese amor porque *no es* natural. Es supernatural. Y cuando actúas desde ese lugar de tu corazón, eres capaz de brindar bondad sin importar si la sientes o no. Se vuelve muy fácil. Pero primero debes orar a Dios para que cambie tu corazón. Luego empiezas con un verdadero espíritu de generosidad y, si logras ver algo a cambio, considéralo una gratificación inesperada.

Todos los que tomamos en serio la Biblia, debemos también tomar en serio esta bondad incondicional. Hay un mandamiento bastante aleccionador en la segunda carta del Apóstol Pablo a un líder prometedor llamado Timoteo: "Un siervo del Señor no debe andar peleando, sino que debe ser bondadoso con todos, capaz de enseñar y paciente con las personas difíciles".[30]

Debe ser bondadoso con todos. No hay algo más directo que eso.

La bondad requiere compromiso. Si sientes que te desanimas y empiezas a pensar: *Nada de lo que hago es suficiente para ella* o *nunca va a cambiar*, revisa tu motivación ¡y ora! Yo sé lo egoísta que puedo ser y, como la mujer que acabo de citar, muchas veces le pedí a Dios que me ayudara a tener un corazón puro que no esperara nada a cambio. (Afortunadamente, Dios se complace en responder este tipo de oración. Quizá la persona por la que estamos orando sea voluble, ¡pero Dios no!).

> ## *Preguntas para reflexionar*
>
> Cuando hago algo por alguien ¿espero consciente o subconscientemente algo a cambio? Y al final ¿querré parar si no consigo lo que quería? Si así es ¿cómo puedo llegar a brindar bondad de manera incondicional?

También investiga si estás gastando mucho esfuerzo en tipos de bondad que en realidad no afectan a la persona que estás tratando de alcanzar. En el capítulo anterior hablé sobre los diferentes tipos de elogios, de igual manera los diversos actos de bondad tendrán un impacto diferente en las personas. Así que continúa, pero experimenta. Consulta alguna de las versiones de *Los 5 lenguajes del amor* de Gary Chapman para descubrir cuál lenguaje se aplica a tu esposo o hijo o cuál sirve para tu compañero en la oficina. Y si hay una diferencia de género, recomiendo mucho que consultes nuestra investigación *Solo para mujeres* y *Solo para hombres* para aprender más sobre esas cosas ocultas que desea el sexo opuesto.

CÓMO PRACTICAR LOS OCHO TIPOS DE BONDAD

Una pastora resumió el porqué de este capítulo (¡y este libro!) cuando dijo: "Sabemos que debemos ser bondadosos, pero muchos no sabemos cómo. La mayoría de los cristianos puede citar la primera carta a los Corintios (1 Corintios 13:4) 'El amor es paciente y bondadoso', pero ¿qué significa en realidad?".

Así que veamos los ocho tipos de bondad para que podamos elegir el que mejor funcione en nuestras vidas, temperamentos y situaciones. Este capítulo podría ser todo un libro de ideas para poner en práctica, pero resumí las categorías más abajo. En resumidas cuentas: poner en práctica la bondad significa hacer pequeños actos de generosidad para otra persona; significa que superemos nuestra tendencia a ser egoístas, desatentos e impacientes, a estar ocupados o concentrados en nuestras necesidades; y significa que lo hagamos sin esperar nada a cambio.

Mi única advertencia es la siguiente: *no te atasques en la idea de solo hacer un acto de bondad cada día y olvides ofrecer positividad y elogio.* Todos los elementos del Reto de 30 días de bondad son importantes. Recuerda, seguir el consejo del día es un gran punto de partida, pero la gente que decidió practicar con sinceridad los tres elementos de la bondad obtuvo un tercio más de probabilidades de mejorar su relación.

Como siempre, lee este capítulo con un lápiz a mano y marca o toma notas sobre las ideas que (a) más necesitas mejorar y (b) en las que eres bueno y pueden ser muy eficaces. Claro, siempre es bueno desafiarse, pero también asegúrate de ¡usar tus fortalezas! Así que planea hacer lo que se ajusta bien a tu capacidad de ser bondadoso con los que te rodean.

1. Realiza pequeños actos de servicio

Como lo señalé, estos actos incluyen e incluso superan a los actos altruistas tradicionales, aquellos que tendemos a percibir como bondadosos. Lava la vajilla aunque sea el turno de tu esposo. Llévale a una amiga algo de comer y una tarjeta de aliento cuando la veas deprimida. Ayuda a tu compañero de estudios con la tarea, incluso cuando tengas poco tiempo libre. Añade más papel a la impresora de la oficina, aunque sea la responsabilidad de otro. Lo que resalta aquí es que el esfuerzo es visible. Es valioso por el acto en sí y porque la otra persona se da cuenta de que alguien se preocupa lo suficiente como para hacer cosas por ella. Incluso si el acto es anónimo (pagar la cuenta de los de atrás en la fila) comunica un mensaje tangible de que le importan a alguien.

La mayoría de la gente que participó en el Reto de 30 días de bondad lo hizo sin que la otra persona supiera. Sucedió así porque decirlo era inapropiado (la otra persona era un colega) o porque la acción podría ser menospreciada ("lo haces sencillamente porque te dijeron que lo hagas"). De todos modos, como señaló un hombre que hizo el Reto para su esposa: "Aun cuando mi esposa no sabía bien en qué estaba, notó que me esforzaba de alguna forma. ¡Que ella lo supiera fue muy importante! En muchos casos, fue más importante que ella supiera esto que los mismos actos que yo hacía. Ver la intención y el esfuerzo importó mucho".

En una entrevista, una mamá describió sus intentos para sanar la tensa relación con su hijo en edad escolar. Para ella, evitar la negatividad era el elemento crucial, pero también descubrió que los pequeños actos de bondad tenían un gran impacto. Explicó:

Creo que parte del esfuerzo por mostrar bondad es sorprenderlo con algo que le guste. En casa soy muy estricta con la cantidad de azúcar que come, pero de la nada le hice un chocolate caliente. ¡Estaba tan emocionado! "¡Eres la mejor mamá del mundo!" El gesto tuvo un gran significado para él. Una cosa tan insignificante. Me aseguré de ofrecer bondad sin considerar cómo se recibe. Me tomó tan poco, ni cinco minutos para calentar el agua en la estufa y preparar el chocolate, pero para mi hijo fue como si le bajara la luna. También con mi esposo, es tan simple como decir "buen trabajo" en el momento preciso. Creo que a veces nos complicamos demasiado.

Otra mamá me dijo:

Mi hijo tiene actualmente treinta y seis años. Cuando era pequeño, yo acostumbraba ponerle notas en la lonchera (decían "creo en ti", "te amo" y "gracias por ser tan buen niño"). El otro día estaba en su casa ayudándole a empacar porque se iba a mudar. Al fondo de un cajón encontré todos los recuerdos de las cosas importantes que le habían sucedido en la vida: un pasaporte vencido con algunos sellos, un programa de cuando ganó una gran competencia en su trabajo… un papelito colorido y doblado que le había dado hace veinticinco años y decía: "Estoy muy orgullosa de ti". No tenía idea de que esas notas casuales significaran tanto para él.

Estos pequeños actos también son importantes en el lugar de trabajo. Después de todo ¡son el sello distintivo de un gran servicio al cliente! Una mujer me contó:

Mi hija Ellie es la persona más dulce y bondadosa que te puedas imaginar. Trabaja como cajera en un banco y recibe los mejores regalos en Navidad, lo cual es increíble. ¿Quién conoce a su cajero? Pues la gente le obsequia dinero, postres y pasteles, galletas, aretes… Si lo ves, no lo creerías. Y hay una sola razón: ella es realmente bondadosa y servicial con todos. Es la clase de persona que cualquier banco quisiera tener al frente. Cuando estás en el cajero automático para coches y tienes problemas con tu tarjeta, no te habla por el altoparlante, sale y va hasta tu coche. Y es tan positiva… Es muy difícil que Ellie diga algo negativo sobre alguien, incluso si está muy frustrada. ¡No sé de dónde salió así!

Hace seis semanas, renunció a su puesto del banco porque alguien la reclutó para vender teléfonos móviles. Y luego de seis semanas, ha llegado a ser la vendedora número dos en el estado ¿Por qué? No solo porque es muy amable, sino porque ¡todos sus clientes del banco fueron a su tienda para comprarle móviles! ¡Querían ayudarla!

Siempre que escucho a alguien decir: "La bondad no da de comer" volteo los ojos. Por lo visto, esta gente no tiene idea de lo que de verdad significa la bondad.

Cuando realizamos estos pequeños actos, no solo valoramos a la persona en ese momento, sino que también enviamos la señal vital de que a alguien le importa.

Esto, a su vez, envía la siguiente señal: "Vale la pena que se preocupen por ti. Eres importante". Cada ser humano quiere sentirse de ese modo.

2. Da o comparte algo que es valioso para ti

Cuando tenemos algo que no queremos dar o compartir y logramos hacer justamente eso, mostramos bondad, especialmente cuando no pedimos nada a cambio. Hay muchos ejemplos de ello, pero a continuación les ofrezco los que más he escuchado.

Ofrece parte de tu tiempo. Es una gran necesidad para la mayoría de la gente y una clase de bondad que no se valora pero que influye mucho en casi cualquier relación. En un grupo de enfoque en el contexto de una oficina, una mujer rechazó la idea de hacer el Reto de 30 días de bondad para su jefe porque "está casado, soy soltera, escribirle notas de agradecimiento o llevarle café sería inadecuado y comunicaría una imagen muy equivocada".

Una de sus colegas comentó de inmediato: "Pero la bondad es más que eso. Cuando tenía veintitantos estaba soltera y tenía un jefe mayor. Me mostró bondad en una forma muy apropiada al invertir tiempo en entrenarme. Era un hombre muy ocupado, pero siempre dispuesto a asesorarme. Nunca me sentí incómoda, simplemente invertía en mí como una profesional. Fue un acto de bondad y diez años después todavía lo recuerdo. Causó un gran impacto".

Además del contexto laboral, invertir tiempo en las relaciones personales (pareja, hijos, hermanos y demás) es crucial para que se sientan queridas. Varones, quizá les parezca importante saber esto: en la investigación que realizamos con miles de mujeres para *Solo para hombres*, el 70 por ciento de las casadas decía, básicamente, que si su marido no pasa mucho tiempo con ella porque quiere asegurarse de ser un buen proveedor, ella como esposa preferiría que fuera lo contrario y que, incluso, estaría dispuesta a dejar su seguridad económica para pasar más tiempo con su marido.

En nuestra encuesta a los que hicieron el Reto de 30 días de bondad para una pareja romántica, casi ocho de cada diez personas dijeron que mejoraron en esta medida: "En general, tiendo a dejar algunas actividades personales o reorganizar lo que tenía planeando para estar más disponible para mi pareja". Descubrimos que este factor es un gran elemento que predice si son felices en su relación y si el Reto de 30 días de bondad ha mejorado su relación en general.

Estar más disponible, ser más feliz

En general, tiendo a dejar algunas actividades personales o reorganizar lo que tenía planeando para estar más disponible para mi pareja

	Antes	Después
Sí	46%	73%
A veces	29%	21%
En realidad, no	25%	6%

¿Feliz en el matrimonio?

Sí	84%
A veces	12%
No	5%

Nota: Entre quienes dieron prioridad a estar más disponibles para sus parejas.

Ofrece afecto. Aunque esto no importa tanto en el lugar de trabajo, lo escuché mucho en las relaciones personales que he investigado. Cuando estamos en desacuerdo, el afecto tiende a sufrir. Nos negamos a salir de nuestra irritación o autoprotección. Sin embargo, nuestros esposos, hijos o padres anhelan afecto.

Comparte tu casa, espacio u hospitalidad. A todos les gusta tener su espacio. Así que compartirlo dice algo al respecto.

Comparte algo que te gustaría conservar solo para ti. Si tienes algo que *no quieres* compartir, hacerlo con alguien que aprecias es un verdadero acto de bondad. ¡Y no uno cualquiera! Tengo unas pocas cosas que quiero acaparar: por lo general involucran el azúcar. Y sospecho que no soy la única.

Una amiga nuestra llamada Polly prepara las mejores tartas del mundo. Son obras de arte, y no tengo idea de cómo logra que Dios toque sus postres y les dé el sabor que seguro tenían los del Jardín del Edén. Desafortunadamente, lleva tiempo preparar uno, por lo que no hace muchos. Recibir uno es un regalo ocasional y valioso para una persona muy especial (como el que prepara cada Navidad para su pastor). El año pasado, en un sermón sobre la generosidad, el pastor confesó que las tartas de Polly eran una de las maneras en que él había llegado a enfrentar su egoísmo: cada año quería esconder la tarta para que nadie en la familia pudiera comérsela (entiendo cómo se siente).

Quizá para ti sea prestar una herramienta difícil de reemplazar de tu mesa de trabajo. O quizá sea dejar que otro maneje tu coche nuevo o que use la vajilla de porcelana fina. Tal vez sea ofrecer el último chocolate suizo que queda en la caja.

Sea lo que sea, compartir expresa amor y preocupación por alguien. (A no ser que, hmmm, los demás en la casa no *aprecien* ese tipo particular de chocolate tanto como tú y entonces sería un desperdicio compartirlo ¿cierto?).

Sacrifica un poco de comodidad. Un fin de semana, cierta pareja a los que llamaré Jeremy y Cassie, visitaron a sus amigos en una cabaña en una montaña lejana. En la primera noche, escucharon historias sobre la presencia de osos en la zona. Cassie, que siempre se levantaba para dejar salir a su perro, de repente se puso nerviosa ante la idea de enfrentar sola el bosque por la noche. Más tarde, cuando el perro quiso salir, como siempre, lo acompañó.

Jeremy me dijo: "Dado que es nuestro segundo matrimonio y no queremos fracasar, he estado orando: *Dios, muéstrame el momento preciso en que mi esposa no se sienta amada, en vez de que me de cuenta tres días después cuando piense en ello*. Esa noche, cuando oí al perro quejarse, estaba medio dormido y recostado en la cama pensando: *Ay amor, tú querías ese condenado perro, no yo. Así que tú sácalo*. Pero entonces, fue como si Dios me dijera en voz baja: *¿Recuerdas cuánto has orado para que te muestre cuándo ella no se siente amada? Es ahora. Está sola, afuera, preocupada por si se la come un oso, sintiendo que no te importa*. Así que me levanté. Ella regresaba a la cabaña".

Cassie confirmó que se sintió nerviosa y molesta porque Jeremy no le ofreció acompañarla. "Pero en cuanto vi que se había levantado y se me acercaba, me di cuenta de su *disposición*, la que me demostró que yo le importaba. Fue todo lo que necesité".

Cuando sacrificas un poco de comodidad para ayudar a alguien a sentirse amado, practicas la bondad.

Cuando dejamos lo que nos importa (sueño, tiempo, crédito, la última porción de nuestra tarta favorita) nos volvemos más dadivosos, menos egoístas y más dispuestos a compartir.

Proteger lo que tenemos nos hace mezquinos y cerrados. Cuando no tenemos mucho o no nos encariñamos con lo que tenemos, descubrimos el gozo eterno de ser feliz (y generoso) con lo muy poco que tengamos. El periodista de la ABC Jay Schadler lo señaló perfectamente en su innovadora serie *Looking for America*. Viajó por todo el país y descubrió que: "Los que menos tienen son a menudo los más generosos".[31]

3. No respondas del mismo modo

Si realizas el Reto de 30 días de bondad, tratarás de no ser negativo. Pero ¿qué hacer si alguien es negativo *contigo?* En ese caso, un acto de generosidad es no responder del mismo modo. Ser amable, ser agradecido, perdonar una ofensa y no guardar rencor son pequeños actos diarios de bondad (¡o muy grandes!).

Muchas veces, esta especie de autocontrol es una de las cosas más difíciles de aprender. Pero también es una de las que causan más impacto al responder de forma bondadosa en cada área de la vida. En el Salmo 18, el Rey David describe una situación en la que había problemas por todos lados, pero como él sigue los caminos de Dios, sabe que la superará. David hace este gran comentario: "Tú me has dado también el escudo de tu salvación; tu diestra me sostiene, y tu benevolencia me engrandece".[32]

A lo largo del tiempo, muchos líderes famosos han aconsejado que el verdadero liderazgo de servicio requiere un corazón compasivo y ser insensible a las críticas. Aunque tengo un corazón compasivo, me ha costado mucho aprender la parte de ser insensible a las críticas, sobre todo cuando leo algo muy ofensivo que otros han dicho públicamente sobre mí, mi familia o mis libros. Hace poco, un pastor me pidió información sobre un tema controvertido en mi columna de consejos. Después de responderle, recibí este correo electrónico:

Ay Shaunti, me has dado una respuesta demasiado general. Estoy muy decepcionado de que no mencionaras a Dios o su Palabra en este asunto, [porque sus caminos]… nos protegen de nosotros y de todas las consecuencias tristes de nuestro comportamiento pecaminoso. En cuanto te envíe esto, me daré de baja de tu lista de correos electrónicos.

Al final del correo aparecía la firma automática, que incluía esta cita bíblica: "Que Dios nuestro Padre y el Señor Jesucristo les den gracia y paz".[33]

Estaba muy enojada, luchando contra un fuerte resfriado y agobiada por la fecha de entrega de este libro. Cuando vi el mensaje de su firma, todo mi ser quería mandarle un correo electrónico diciendo: "¡Es irónico que hables sobre dar gracia!". Pero *¡estaba escribiendo este capítulo!* Así que seguí el consejo de Lysa TerKeurst (consulta el capítulo 6), hice una pausa para permitir que Dios controlara mi enojo y después contesté: "Gracias por compartir tus pensamientos. Nos apena haberte decepcionado. Escribí la respuesta de esa manera porque el pastor fue específico cuando solicitó la información. Pero entiendo que deseabas que hubiera tratado el asunto de manera diferente. Te deseamos lo mejor. La paz sea contigo".

En cuanto presioné enviar, me sentí mejor. Si le hubiera contestado del mismo modo (como por desgracia he hecho en otras ocasiones), mi conciencia me habría carcomido. Pero responder con amabilidad aligera el corazón.

Mucha gente ha descubierto que contestar las heridas graves con perdón tiene el mismo efecto. Este tipo de generosidad te libera.

> **Cuando hacemos estos actos de bondad, empezamos a sentir la gracia que hemos decidido mostrar.**
>
> Así como mencioné en el capítulo 6 sobre negar la negatividad, cuando promovemos la intranquilidad, nos volvemos más intranquilos. Desahogarnos o descargar nuestras frustraciones quizá nos haga sentir bien en el momento, pero rara vez al día siguiente… o incluso una hora más tarde. Más bien, alimenta la venganza y la tensión.
>
> Por suerte, también funciona al revés. Cuando rehusamos entrar en esa provocación y respondemos con bondad, no solo calmamos la situación tensa, también *nos sentimos* más amables y tranquilos.

4. Da sexo

¡Quizá este tema se te haya cruzado por la mente! O tal vez te ofenda la idea de "dar" sexo como un acto de generosidad marital. O piensses *¿no debería ser espontáneo?* Incluso, tal vez te preguntes *¿por qué debería ser importante?*

Aunque cada matrimonio es diferente, a través de los años hemos observado dos verdades relevantes en nuestra investigación. Primero, la intimidad física es crucial para la felicidad marital (de hecho, un estudio de Brad Wilcox en 2011 mostró que es uno de los factores determinantes en la felicidad de un matrimonio[34]). Segundo, en muchos matrimonios uno de los cónyuges quiere más sexo que el otro. Por lo tanto, si la persona con libido baja decide hacer el esfuerzo para lograr intimidad física, está ofreciendo un gran acto de generosidad.

Y si tú eres la pareja con libido alta, fíjate en esto: muchas veces mostrar bondad resulta en que ¡este tipo de generosidad regresa a ti! Una de las sorpresas agradables de nuestras encuestas apareció cuando observamos a los que empezaron el Reto de 30 días de bondad para un esposo y no estaban satisfechos con sus vidas sexuales. Nos fijamos en el mismo grupo treinta días después y descubrimos que entre los que hicieron el Reto, más de la mitad dijo que ¡su vida sexual había mejorado! Y al igual que con otros aspectos de la bondad, la mejoría estaba presente (pero más baja) entre los que no hicieron el Reto, pero se concentraron en los consejos diarios.

La bondad es sexy
"En general, nos sentimos felices y satisfechos con nuestra relación sexual"

	Mejoró	Bajó	No cambió
Enfocados en los tres elementos del Reto	56%	11%	33%
Enfocados en los consejos diarios	31%	25%	44%
Total del grupo encuestado	**47%**	**16%**	**37%**

Dicho esto, si tu vida sexual todavía no alcanza el nivel que quieres, puede indicar que te estás esforzando en las áreas equivocadas. Tal vez tu esposo necesite ayuda para superar problemas médicos o emocionales. Pero es más probable que uno o los dos necesiten entender algunos puntos clave sobre la forma en que el sexo opuesto procesa la intimidad física. (Si quieres un manual básico y muy útil, la investigación en *Solo para mujeres* y *Solo para hombres* funciona para la mayoría de las parejas).

Cuando somos generosos de esta manera, nos damos cuenta de que el sexo mejora nuestra intimidad física, la ternura y la cercanía emocional.

Descubriremos que el sexo no solo es un acto físico, también es emocional. Además, dar sexo mejora nuestro deseo físico real. Los investigadores descubrieron que involucrarse de esta forma al menos una vez a la semana aumenta los niveles de testosterona, lo cual hace que el esposo o esposa con menos libido al final quiera más sexo. Por el contrario, abstenerse provoca un círculo vicioso de testosterona baja, poco deseo, menos actividad sexual… y el círculo vuelve a empezar. Con todas las investigaciones sobre el tema, queda claro que la decisión de tener más sexo (de la pareja con el menor libido), casi siempre dará buenos resultados.[35]

5. Concentra tu atención en la otra persona y sé accesible

Cuando era preadolescente, aprendí por primera vez a concentrarme en la otra persona (y no en mí). Es un pequeño acto de bondad o generosidad muy poderoso. Cuando dices "cuéntame de ti", la otra persona se siente halagada, atendida, apreciada o importante. Cuando estás con otros y diriges tu atención a algo bueno que alguien hizo

("¿Adivinen qué? Sarah resolvió nuestro problema con el cliente ¿verdad? Cuéntales…"), esa persona te será leal para siempre.

Ser accesible envía el mensaje similar de "eres importante" y contrasta por completo con la noción de actuar distante para impresionar a los demás. Todavía recuerdo la impresión cuando me despidieron de un trabajo en el restaurant más exclusivo de mi universidad (solo llevaba dos días). Me dijeron: "Eres demasiado amigable y sonríes mucho. Necesitas creerte un poco más. Los clientes deben sentir que este lugar está por encima de ellos y tienen suerte de estar aquí". (Seguro nunca leyeron a Carnegie).

Ser accesible, cálido y enfocarte en los demás también ofrece una solución maravillosa para las dinámicas de grupo. Por ejemplo, cuando los líderes de los colegios públicos del país enfrentaron el problema del acoso escolar, un supervisor de un distrito grande dijo: "Nos dimos cuenta de que los programas antiacoso no funcionaban. No podemos resolver esto enseñándole a los niños a no acosarse entre ellos. Más bien, debemos enseñarles a ser bondadosos unos con otros. Este enfoque despegó como un cohete porque es lo que de verdad se necesita".

> **Cuando realizamos esta clase de bondad, los demás nos quieren y valoran más, y nosotros los apreciamos más.**
>
> La pose de poder dice: "Ay, soy tan superior a ti". Pero cuando nos enfocamos en los demás, no solo nos ven como humildes y atentos, sino también (lo dijo Carnegie) piensan que somos unos conversadores *espectaculares*. Y todos ganan porque como dijo un hombre de negocios: "Mientras aprendo más de ti, por lo general me empiezas a caer bien. Te aprecio más. Aprendo cosas que serán útiles para el futuro. Pero mejor aún, yo empiezo a caerte bien y me respetas. Y piensas que soy una persona sagaz en los negocios, buena con la gente, etc. Y todo sucede simplemente porque logré que me contaras de ti".

6. Ofrece tu total atención e ingresa al mundo de la otra persona

Ser generoso nos ayuda a disfrutar por completo y estar totalmente atento a la otra persona en vez de distraernos y dar la impresión de que deberíamos estar haciendo otra cosa. De manera similar, la generosidad nos aleja de nuestras actividades, intereses o forma de hacer las cosas y nos introduce en las de alguien más. De hecho, la persona puede ser una interrupción, pero la bondad evita que la hagas sentir así.

Tal vez cuando regresas a casa tienes cien correos electrónicos que demandan tu atención, pero si quieres una gran relación con tus hijos, deja tu celular por un rato y pregúntales cómo les fue. Lo mismo con tu esposo, la persona con quien te reúnes para un café, tu asistente que te explica los acuerdos aburridos para la junta de mañana o tu compañero de clase que tarda horas para llegar al grano. No permitas que lo urgente opaque lo divertido (o la bondad).

Como dijo el columnista de deportes del *Washington Post* Thomas Boswell en el documental de Ken Burns titulado *Baseball*: "La vida no se trata solo de grandes problemas y cirugía del corazón".

Esto es una lucha para mí. Como todo el mundo, tengo mucho qué hacer. Es difícil bajar la velocidad. Sucede de manera literal. Cuando Jeff y yo vamos juntos en el auto, aun si no tenemos prisa, tengo ganas de tomar el volante e ir más rápido, zigzaguear en el tránsito para quitarnos a esa gente que va *insoportablemente* lenta. Pero Jeff solo me mira y con una ligera sonrisa dice: "Es mucho más tranquilo ir sin apurarse y solo disfrutar el momento". Aprendí que mi habilidad para hacer eso es un verdadero acto de bondad para él.

Es irónico que muchas esposas mencionan cuánto les gustaría que sus maridos soltaran el control del videojuego y conversaran (señores, hablaremos de esto en el capítulo 9), porque una mamá me dijo que lo contrario le ayudó a involucrarse con su hijo. A él le encantaban los videojuegos, pero siempre que le describía con emoción sus complejidades, ella asentía con ojos de aburrimiento.

Cuando empecé el Reto de 30 días de bondad, me registré en un videojuego de básquetbol en mi tableta solo para entender de qué hablaba. Es algo que disfruta tanto como si estuviera jugando en un equipo de la vida real. Aprenderlo fue mi pequeño acto de bondad.

Hace poco los acompañé en una excursión y escuché que mi hijo les presumió a sus compañeros: "¡Mi mamá juega conmigo! Mira en qué nivel está. Ninguna otra mamá lo hace, pero la mía sí".

De hecho, ¡jugar juntos se convirtió en nuestro tiempo de calidad! Y para ser honesta, el impacto que tuvo me dejo sorprendida. Antes de empezar el Reto de 30 días de bondad, él decía cosas negativas sobre sí que me rompían el corazón, como: "Quieres más a Susie [mi hija] que a mí". Se desanimaba y decía que no era suficientemente bueno o "soy tan estúpido". ¡Pero esto desapareció por completo desde que empecé a jugar! Elogiarlo y hacer eso tan insignificante, jugar videojuegos con él, de verdad lo ayudó a sentirse bien.

Cuando nos enfocamos en la persona que tenemos enfrente, básicamente le decimos: "Te valoro más que a cualquier otra cosa que pudiera o debiera estar haciendo".

Lo que es más importante, no solo les decimos que valen nuestro tiempo y atención, sino que también nos reforzamos esa idea. En consecuencia, es mucho más probable que veamos más cosas que nos gustan y apreciamos de ellos y que no habíamos notado. Y todo esto facilita mucho construir una relación maravillosa.

7. Supón lo mejor

Uno de los descubrimientos más importantes de nuestra investigación sobre matrimonios felices es este: es un acto de generosidad presuponer que la otra persona tiene buenas intenciones hacia ti, aun cuando la evidencia sugiera lo contrario.

Claro, sabemos que la gente no siempre tiene buenas intenciones hacia nosotros. Sería tonto, por ejemplo, suponer que tu compañera quiere lo mejor para ti si se roba tus ideas y las presenta como suyas. Pero es diferente con tu esposo o pareja romántica. Por ejemplo, si él o ella hace algo que te lastima ¿crees que es a propósito? ¿O es mejor presuponer que le cuesta trabajo entender cómo te sientes con eso? Como mencioné antes, casi el 100 por ciento de las parejas casadas que investigamos (incluso los matrimonios difíciles) se preocupan mucho por el otro. Pero todos lastimamos de vez en cuando.

Entre más cercana es una relación personal o laboral, es más probable que una herida no sea intencional. Así que este es el pequeño acto de bondad: la próxima vez que te provoquen, lastimen o molesten, respira profundo, da por sentado que no lo hizo a propósito y busca una explicación más generosa para este comportamiento. Le harás un favor a tu relación, a tu pareja y a ti.

Cuando empecemos a buscar explicaciones más generosas, las veremos más a menudo, y eso hará que las investiguemos la próxima vez.

Pronto descubrirás que buscar lo mejor y negarse a criticar lo peor se vuelve un hábito. ¡Uno mucho más provechoso!

8. Dile a la otra persona lo que necesitas

Una de las mayores trampas para mucha gente es pensar: *No tengo por qué hacer esto.*

- *No tengo por qué decirle a mi esposo qué es lo quiero para mi cumpleaños (él debería saberlo).*
- *No tengo por qué decirle a mi esposa que deseo intimidad física, debería sentirse tan atraída hacia mí como yo a ella.*

- *No tengo por qué decirle a mi pareja qué tipo de ayuda necesito con los niños o al lavar la vajilla porque cualquiera es capaz de ver qué se necesita.*
- *No tengo por qué recordarles a mis hijos que se cepillen los dientes, a mi compañera de trabajo que sea puntual cuando pase a recogerla o a mi compañero de cuarto que ponga la alarma.*

Incluso si todo lo que acabamos de leer fuera cierto, si estás frustrado, es muy probable que no expreses lo que necesitas. (Claro, también es posible que lo compartas, pero esperas algo imposible o difícil de cumplir). Esta dinámica la explicamos en *Matrimonios espectaculares: Los pequeños secretos que hacen la gran diferencia).* Como un paso de generosidad, menciona algo que sientes que "no tienes por qué" decir y observa lo que pasa. Tal vez suene raro que le digas a la otra persona que esperas un acto de generosidad, pero si ayuda a que la otra persona no experimente tu decepción... sin duda lo es.

Una mujer me dio un gran ejemplo de cómo utilizó tal conocimiento:

Durante el Reto de 30 días de bondad, aprendí a pedirle a mi esposo que hiciera cosas específicas como abrirme la puerta, en vez de esperar a que lo haga y luego enojarme si no lo hacía. Nunca he sido buena en eso.

Una noche, íbamos a salir juntos como pareja (tratamos de hacerlo una vez al mes). Esa noche se había vestido demasiado informal, como si fuera a hacer deportes. Me sentí desanimada. Yo había elegido con cuidado un vestido bonito, me peiné, maquillé y perfumé. Estaba *lista* para nuestra cita. Cuando entró a la sala, supo que algo andaba mal.

Me preguntó si estaba bien como se había vestido, así que le contesté: "Te voy a dar una pista. Si sales así a pasear al perro o a hacer ejercicios, entonces no es ropa adecuada para una cita". Estoy segura de que pude haberlo dicho de una mejor manera, pero en ese momento fue lo mejor que se me ocurrió. De inmediato se levantó del sillón y fue a cambiarse de ropa.

Así que la siguiente vez que fui de compras, escogí dos camisas en oferta y le pregunté si le gustaban. Le dije: "Aquí tienes dos camisas nuevas para tus citas". Me habría gustado que él las escogiera, pero siempre le ha gustado la ropa informal. Y lo mejor de todo es que me agradeció por haberle comprado las nuevas camisas. Lo he felicitado cuando se las pone.

Otra mujer dijo (después de atestiguar un cambio de hábito similar): "El hombre está mucho más contento porque sabe cómo alegrarte más… y por consiguiente también tú eres más feliz".

Cuando decimos a los demás lo que necesitamos, aprendemos que generalmente *desean* hacer lo que queremos!

Claro, no siempre funciona así. Pero sobre todo las relaciones cercanas (matrimonio, hermanos, hijos), por lo general sí lo hacen. La gente a nuestro alrededor se preocupa por nosotros y nos quiere contentos. El problema es que no siempre saben cómo agradarnos. Una vez que les hacemos saber el "cómo", no solo mejorarán en complacernos, sino que nosotros también creeremos en sus intenciones positivas la próxima vez, en vez de creer que hacen algo solo porque se los pedimos.

Una de las cosas hermosas de realizar estos pequeños actos de bondad y generosidad con frecuencia es que, de repente, descubrirás que se vuelven hábitos. Si identificas que la persona responde mejor a dos o tres de estos tipos de bondad y los haces, construirás una capacidad de bondad constante.

Me reí entre dientes cuando escuché la historia de un conductor de camiones que hizo el Reto de 30 días de bondad para su esposa:

Viajo mucho, lo cual significa que Jessica tiene que hacer todo sola: levantar a los niños, prepararles el almuerzo, llevarlos al colegio y demás. Por eso, durante el Reto, me concentré en los pequeños actos de bondad, por ejemplo, asegurarme de escribirle un correo electrónico diario para preguntarle cómo estaba o, cuando me quedaba en casa, ser yo el que recogía a los niños de sus actividades para que ella no tuviera que hacerlo.

Bueno, el Reto terminó la semana pasada y, la verdad, no había estado muy concentrado en todo eso. Pero ayer estaba en casa y desperté antes que Jessica. Alcancé el reloj y apagué la alarma porque sabía que estaba agotada y no tenía ningún compromiso esa mañana.

Me levanté, preparé el almuerzo y llevé a los niños al colegio. Como una hora después entró en la cocina y dijo: ¡Ay, Dios! ¡Preparaste las loncheras y todo lo demás!".

Ni siquiera me di cuenta. Fue lo que había estado haciendo durante el Reto, pero supongo que no se acabó cuando el Reto terminó. Se ha convertido en nuevos hábitos y formas de interactuar. Ha sido el mayor beneficio de todos.

Pero la otra cosa hermosa de estos hábitos de bondad es mucho más profunda. Cuando ofrecemos bondad, de pronto tomamos consciencia de cuán a menudo no lo hacemos. Notamos más la bondad que recibimos y que no merecemos. Y todo esto nos produce una actitud de gratitud que es mucho más valiosa que cualquier cosa que estemos ofreciendo.

9

Un capítulo especial solo para esposos

Elemento alternativo #1

> **Elemento #1** No te distraigas y no te retires. Cuando converses con tu esposa, dale total atención por lo menos quince minutos al día. (Y cuando estén enojados, quédate con ella cinco minutos más luego de que quieras retirarte).

Este capítulo es para esposos (y cualquier mujer que quiera echarle un vistazo). Mientras investigábamos los aspectos más eficaces de la bondad y cómo crear un Reto de 30 días de bondad que mejorara las relaciones, descubrimos algo crucial. Para un subgrupo específico (hombres que hacían el Reto para sus esposas), el primer elemento del Reto de 30 días de bondad (capítulo 6) podía potencialmente ser contraproducente. No para todos los esposos, pero sí para algunos.

Cuando un pastor y consejero matrimonial revisó los resultados de los primeros grupos que tomaron el Reto dijo: "Estos hombres trabajan para mejorar sus matrimonios. Pero cuando los desafiamos a 'no decir nada negativo de tu esposa', varios contestaron 'Eso es fácil. Entonces no diré nada', lo cual causaba que sus esfuerzos para mejorar su matrimonio fracasaran. Descubrimos, entonces, que debíamos dar a estos hombres otro primer elemento del Reto".

Otro consejero varón soltó una risita cuando le compartí este dilema: "Esto solo tiene sentido si la forma de comunicar bondad a los demás fuera diferente para hombres y para mujeres (¡todo lo demás lo es!)". Su esposa, una terapeuta matrimonial, asintió: "Si una esposa está tomando el Reto de 30 días de bondad para su esposo, el primer elemento es perfecto porque supera la tendencia negativa a ser criticona. La clave será descubrir cuál es la tendencia negativa de los hombres para que puedan retarse a superarla".

Después de varios meses de probar qué funcionaba y qué no, descubrimos la mejor alternativa, la cual se deriva de una de las principales diferencias entre hombres y mujeres. Señores, pueden consultar más sobre esto y nuestra investigación en *Solo para hombres*, pero este es el punto principal: si tu esposa es como la mayoría de las mujeres, el simple hecho de estar casada no la hace sentir segura de que la amas de verdad. Lo que le da seguridad es un sentimiento de cercanía entre ustedes dos. Y una de las mejores formas de construir esta cercanía es tener una buena conversación diaria (en otras palabras, ser bondadoso de una manera que mejore su relación) durante los días normales y darle seguridad y tranquilidad en los días malos.

Pero para que esto suceda debes estar decidido a enfrentar dos tendencias relacionadas y muy comunes: distraerte en los momentos normales y escapar en los incómodos, que es cuando más necesita que le ofrezcas seguridad y tranquilidad. Así, en vez de *No digas nada negativo a o sobre tu esposa*, el Elemento alternativo #1 para hombres es: *No te distraigas y no te retires. Cuando converses con tu esposa, dale total atención por lo menos quince minutos al día. (Y cuando estén enojados, quédate con ella cinco minutos más luego de que quieras retirarte).*

Veamos cómo hacerlo.

NO TE DISTRAIGAS: DALE SUS QUINCE MINUTOS DE FAMA

La mayoría de las mujeres entiende que los hombres necesitan espacio y descanso al final de un largo día (¡ellas también!). Pero después de tener un respiro, obtendrás grandes beneficios en tu relación si sales de tu cueva, desconectas tu celular, televisión o consola de juego y le preguntas a tu esposa algo así: "Entonces, cuéntame cómo te fue hoy". Después de que se recupere de la impresión, de seguro verás lo feliz que es de tener este tiempo contigo.

Un hombre que entrevisté después de haber hecho la versión para el esposo del Reto de 30 días de bondad me dio una gran perspectiva: "Nunca le dije a mi esposa que estaba haciendo esto porque no quería que pensara: *Claro, solo me estas felicitando porque te dijeron* o algo parecido. Pero aun así, después de semana y media, de la nada un día me dijo: 'Me gusta mucho que cuando nos vemos al final del día te sientas a mi lado y me escuchas. Me hace sentir bien'".

Otro hombre, que con el tiempo le confesó a su esposa que estaba haciendo el Reto, dijo: "Se emocionó mucho de que tratara de hacer algo así". Describió algo muy importante que aprendió durante el proceso:

Creo que los hombres tenemos más la tendencia a oír que a prestar atención. Es como si sucediera así: "Sí, claro, sí, claro… te oigo. Ya sé lo que vas a decir" y luego queremos pasar al siguiente tema. Una vez tuve que enfocarme en una *conversación* real y me di cuenta de que, honestamente, no le había dado la oportunidad de expresarse por completo (dejarla hablar sobre lo que quiera) ni la había escuchado en serio.

Como una semana después de que terminó el Reto de 30 días de bondad, todavía trataba de practicar los elementos, pero me preguntaba si sería importante. De repente, un día me dijo: "Me he dado cuenta de que ahora sí me prestas atención. Me dejas expresar mis sentimientos sin tener que corregirlos de inmediato. Me parece que ahora te preocupa lo que me importa. Me siento muy contenta cuando me siento y converso contigo". Esto me impresionó. Con esta clase de comentarios constructivos, puedes apostar que ¡ahora voy a seguir con esto!

¿Será que es una situación resbaladiza?

Una de las principales preocupaciones que escuché de un hombre durante las primeras pruebas fue que la conversación de quince minutos podría abrir una caja de malas sorpresas. Mientras hablaba sobre este proyecto, un hombre dijo: "Sé que mi mujer necesita hablar, pero para ser franco, por eso evito el punto de 'Dale total atención'. Reconozco que no tengo la capacidad para hablar de cosas emocionales durante dos horas, pero ¿no lo esperará si empiezo con esto? Cuando la pelota ruede cuesta abajo ¿cómo la detengo sin herir sus sentimientos? Observo como habla y habla con sus amigas… y sé que mi cerebro se congelará y mis ojos mostrarán aburrimiento… y luego me meteré en un gran problema".

Es una preocupación común, pero una vez que lo intentan, por lo general se sienten seguros. Y cuando esto de verdad es un problema, los hombres en nuestras pruebas describieron todo tipo de estrategias para ofrecer la total atención que sus esposas requerían y el tiempo límite realista que ellos necesitaban. Un papá muy ocupado lo explico de esta manera:

No creo que mi esposa entienda este asunto. Aunque la amo y quiero hablar con ella, no puedo conversar mucho antes de que se me acaben todas las frases. Tengo que ir al banco de palabras para recargarme. Por eso, a veces empiezo una conversación cuando sé que tengo poco tiempo antes de irme a una reunión o bañarme. Le digo: "Amor, tengo unos minutos antes de ver a Bob, pero cuéntame ¿qué pasó con Marci?". Si me tengo que ir, a veces acordamos terminar la historia cuando regrese. Pero casi siempre es suficiente con ese tiempo concentrado. Ella solo necesita compartir lo que está sucediendo y saber que le presto atención.

Pero ¿qué diferencia harán quince minutos?

Si no crees que una conversación diaria de quince minutos haga una diferencia (en tu esposa o relación), piénsalo bien.

A través de los años, muchos hombres me han dicho que una de las experiencias más incómodas y frustrantes es estar confundido por los sentimientos de su esposa. Muchos de los que hicieron el Reto de 30 días de bondad me dijeron que antes de empezar la confusión era algo frecuente. Y solo treinta días después, el 83 por ciento de ellos ¡afirmó que entendía mejor a su pareja!

En particular, al observar el grupo de hombres que puso mayor atención a este elemento alternativo, solo el 39 por ciento empezó sintiéndose seguro de entender los sentimientos de sus esposas. Pero para cuando el Reto terminó, el número casi se había duplicado ¡y llegó al 72 por ciento!

Además, lo más probable es que estos hombres logren disfrutar más su matrimonio, tener mejor vida sexual y sentirse más apreciados que el participante promedio.

Prestar atención parece una cosa muy simple, pero tiene un enorme impacto.

Escuchar un poco, mucho menos confusión

Entre hombres que dieron a sus esposas quince minutos de total atención cuatro o más veces a la semana

"Por lo general, entiendo los sentimientos de mi pareja".

	Antes del Reto	Después del Reto
Muy de acuerdo	39%	72%
Poco de acuerdo	22%	0%
Poco en desacuerdo	11%	22%
Muy en desacuerdo	28%	6%
Total	**100%**	**100%**

Solo asegúrate de que estás prestando atención a sus sentimientos

Después de hacer la investigación previa con mi esposo, solo tengo una advertencia: señores, asegúrense de usar esos quince minutos para escuchar *de la forma en que ella se sentirá escuchada*. Un participante describió la trampa común en la que tienden a caer: "Como hombre, quieres arreglar cosas, no sentarte y escuchar. Así que nuestra respuesta es: 'Y ¿qué hago al respecto? Te amo ¿qué puedo hacer por ti? Quiero ir a conseguir algo de carne y alimentar a mi familia'. Deseamos proveer y proteger… y escuchar nos parece pasivo. Pero sé que es activo para las mujeres (solo que necesitamos verlo de esa forma)".

Sí, es activo para nosotras. He aquí la conclusión de la investigación *Solo para hombres*: para tu esposa, *escuchar* significa "escucha como *me siento* sobre lo que estoy compartiendo, no el problema en sí".

Sé que suena raro. Pero funciona. Averigua todas esas emociones que por lo general quieres evitar ("¿Lo que dijo Marci hirió tus sentimientos?"). Más bien, pregúntale qué le respondió esa persona. Saca todo lo que tu esposa piensa y siente sobre el tema. Deja el "¿qué hago al respecto?" para después. Si empiezas a prestar atención a sus sentimientos, tu esposa se sentirá escuchada.

Y asegúrate de no distraerte…

Tu esposa no se sentirá escuchada si volteas a ver tu celular durante los quince minutos. Pero cuando a propósito le demuestras que le estás poniendo tu total atención, de verdad importa. Una mujer que hizo el Reto de 30 días de bondad para su esposo describió sus sentimientos cuando vio aparecer poco a poco esta dinámica:

Mi esposo anda con su teléfono o su iPad en la mano casi constantemente. No creo que se haya dado cuenta de que con ello me está comunicando lo siguiente: *En realidad no me importa que estés aquí o lo que estás diciendo.* Realmente me duele. Incluso una vez salimos de viaje un fin de semana en un "paquete romántico" que incluía una habitación frente a la playa, champán y fresas cubiertas de chocolate. Cuando descorché la botella y le ofrecí una copa ¡vi que estaba jugando solitario en su celular! ¿En serio?

Tomé un sorbo y pensé cómo manejar esto. No le pedí que alejara o pusiera en silencio su teléfono, ni pensé *bueno, allá va nuestra "escapada romántica"*, como lo habría hecho hace un mes. En vez de eso comenté lo romántico que era el lugar, lo sabrosas que estaban las fresas… y le dije que lo amaba.

Entonces me miró, puso el celular en la mesa y se inclinó para darme un beso. Un punto para la bondad. De hecho, el resto del fin de semana estuvo *ahí conmigo*, en vez de que su cuerpo estuviera presente pero su mente a cientos de kilómetros con sus colegas del trabajo. Fue una sensación maravillosa.

… O dile cuándo estarás

Una mujer me contó la estrategia exitosa que descubrió su esposo: si no puedes darle atención a tu pareja en ese momento, dile cuándo podrás.

Reconozco que Isaac tiene trabajo pendiente o hay cosas que disfruta y quiere hacer para relajarse después de un largo día. Pero me frustraba no tener idea de cuánto tiempo jugaría básquetbol con los chicos o escribiría su informe. Esto me causaba irritación, dolor de cabeza y deseos de evitarlo, lo que nos volvía locos. Así que se nos ocurrió una idea. Él me diría (o a veces yo le preguntaría) cuánto se tardaría. Al tener una idea del tiempo de duración en mi cabeza, ya no me parecía eterno.

El problema es que, cuando un esposo se pone a jugar videojuegos o se sienta en su escritorio, una no tiene idea si serán diez minutos o hasta pasada la medianoche. Pero realmente toca el corazón de una mujer cuando el hombre dice algo como: "Voy a tardar una hora para terminar este proyecto y después jugamos con los niños".

NO TE RETIRES CUANDO LAS EMOCIONES SE ALTEREN

Si eres como la mayoría de los hombres, cuando estás enojado con tu esposa o viceversa, de seguro quieres y necesitas algo de espacio. Pero si tu esposa es como la mayoría de las mujeres, tu acto de retirarte desencadena este cuestionamiento subconsciente: *¿De verdad me ama?* Y es muy doloroso. La inquietante pregunta *¿Estamos bien?* dará vueltas alrededor de su corazón hasta que se sienta segura. Una esposa que entrevisté describió muy bien el sentimiento: "Trato de concentrarme en cualquier otra cosa que estoy haciendo ese día, pero honestamente, hasta que se resuelve el problema, nada está bien en el mundo".

Otra mujer dijo: "No creo que los hombres sepan lo espantoso que puede ser el enojo masculino. Cuando hago algo que lo hace sentir criticado o que no confío en él, a veces se enoja tanto que se va de la habitación antes de que podamos arreglar el asunto. Los hombres deben saber lo difícil que es esto para una mujer. Conozco esposos que piensan que es ilógico, pero lo que nosotras sentimos es: *las cosas están apunto de empeorar*. Es un sentimiento terrible".

¿Cuál es la solución? En vez de retirarte, aguanta ahí unos minutos. Y cuando necesites huir, ofrece seguridad y tranquilidad diciéndole: "Necesito espacio para pensar, pero quiero que sepas que todo está bien". En nuestra encuesta *Solo para hombres*, entre el 86 y 95 por ciento de las mujeres dijo que estos pasos disminuyen o resuelven su agitación. (Una advertencia rápida: Conócete. Muchas veces, quedarte un poco más ofrece la seguridad que tu esposa necesita.

Pero si sabes que por tu enojo dirás o harás algo que la lastime o moleste *más*, entonces sé sabio, dile: "Todo está bien" y tómate un respiro).

Ofrecerle seguridad a tu esposa sí funciona

En un conflicto emocional, si tu esposo/pareja te reafirma su amor ¿cuánto te ayuda a disminuir cualquier confusión que estés sintiendo? (Elige una respuesta)

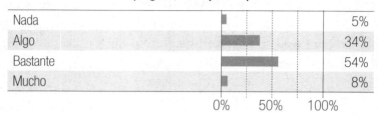

Nada	5%
Algo	34%
Bastante	54%
Mucho	8%

0%   50%   100%

Nota: Los resultados superan el 100 debido al redondeo. Publicado por primera vez en *Solo para hombres*. Consulta este libro para la descripción de la metodología y el grupo de estudio involucrado en esta investigación.

Asegurarle que "todo va bien" funciona aún mejor

Imagina que tu esposo/pareja y tú están atravesando un conflicto emocional. De pronto él dice: "No quiero hablar de esto ahora". Si agrega algo que te dé seguridad como "Quiero que sepas que estamos bien" ¿es más o menos probable que puedas darle su espacio? (Elige una respuesta)

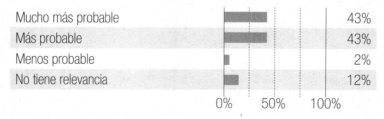

Mucho más probable	43%
Más probable	43%
Menos probable	2%
No tiene relevancia	12%

0%   50%   100%

Nota: Publicado por primera vez en *Solo para hombres*. Consulta este libro para la descripción de la metodología y el grupo de estudio involucrado en esta investigación.

¡VERÁS LA DIFERENCIA!

Solo tú decides si el primer elemento original (no digas nada negativo) o esta alternativa es más crucial para tu relación. Ciertamente, esta alternativa ha probado ser eficaz para hombres en sus matrimonios. Requiere un poco más de atención de tu parte, pero también es probable que produzca mejores resultados con el tiempo.

¿Por qué? Mucho después de terminar el Reto de 30 días de bondad, si estas acciones particulares se vuelven un hábito genuino, producirán beneficios profundos en tu relación. Así que ¡prepara tu rutina! Practica estas cosas durante el Reto de 30 días de bondad y observa lo que pasa.

10

En sus marcas, listos, ¡a cambiar!
Bondad para toda la vida

No hace mucho, el director ejecutivo de una compañía importante nos presentó a una de mis compañeras de trabajo y a mí antes de que nos dirigiéramos al público presente en la convención anual de la compañía. Ayudábamos a su empresa a crear una iniciativa que promoviera más mujeres al liderazgo. Necesitaban esto porque no podían crecer sin innovar y, con el 95 por ciento de ejecutivos hombres, no podían innovar sin más variedad de pensamiento a la cabeza. El director ejecutivo reconoció que hacer las cosas diferentes implicaría esfuerzo y atención, pero entonces proyectó estas palabras en la pantalla mientras subíamos al escenario:

> *Nada cambia si nada cambia.*

Le dije después que me prestara esa frase. Resume la perspectiva que necesitamos cuando vemos los asuntos que queremos mejorar en nuestras relaciones, vidas y cultura.

La bondad tiene que empezar en algún lado antes de que se pueda brindar y difundir. El cambio empieza contigo, la persona que sostiene este libro. Si quieres una vida personal o laboral más agradable, si deseas sentir más amor y aprecio por otra persona, el primer paso está totalmente en tus manos.

Así que evalúa lo que quieres cambiar y en qué puedes trabajar para vivir un estilo de vida de bondad. Identifica y arregla los puntos ciegos, tu falta de bondad, tus áreas de negatividad. Desarrolla el hábito de elogiar a diario. Implementa los tipos de generosidad que (en el fondo) sabes que son necesarios. Y hazlo sin importar si los demás hacen lo mismo. Tu compromiso personal de ser bondadoso cambiará todo en tu vida a largo plazo.

Una mujer envió este profundo comentario después de completar el Reto de 30 días de bondad para su esposo:

Ahora me doy cuenta. Durante veinte años de matrimonio, de verdad creí que la mayoría de los problemas que teníamos surgían de mí, de mi visión de nuestra relación, de mis reacciones a situaciones, a algunos malentendidos y a no saber lo que le importaba a mi esposo (como cuánto necesitaba mi respeto). Ahora hago lo que importa. Trato de superar los conflictos más rápido, de no tomarme todo tan en serio, relajarme, dejar de desear que él cambie y aceptarlo como una persona completa y maravillosa. Yo no soy perfecta ¿por qué él sí debería serlo? Mejor pido a Dios que me ayude a cambiar.

Es un inicio fantástico. Me siento bendecida y afortunada. Sé que mi esposo me ama, aunque muchas veces creo que soy difícil de amar. Solo necesitaba un cambio… una actitud de agradecimiento. Felizmente, ahora estoy en el camino correcto.

Así que empieza ya… y después, no te rindas. Como recordarás de los capítulos anteriores, una de las cosas hermosas sobre la bondad es que cambia tu sentimiento hacia la otra persona de manera que *quieres* seguir siendo bondadoso. Esto es fundamental, sobre todo cuando no ves el impacto de tus acciones a corto plazo.

Siempre me angustio cuando veo gente que deja el Reto de 30 días de bondad después de unos días o dos semanas. Muchas veces su razón para abandonarlo es algo como "no veo ninguna diferencia" o "me gustaría conseguir una respuesta mejor".

¿Después de unos días? ¿De dos semanas? Casi todos nosotros estamos generando nuevos patrones de conducta para reemplazar aquellos que tardamos años en crear. Sanar matrimonios rotos, transformar relaciones laborales o escolares polémicas, eliminar tensión con la familia política, alcanzar el corazón de un niño que se ha vuelto cerrado e introvertido... Nadie de ellos puede esperar cambiar en dos semanas, ni siquiera en treinta días.

A veces vemos cambios dramáticos y rápidos. Pero en otros casos hay que plantar la semilla de la bondad, regarla y protegerla con mucho cuidado durante varias estaciones antes de que crezca y se convierta en la hermosa virtud que anhelamos.

Por lo general, el principal beneficio del Reto de 30 días es que desarrolla hábitos importantes a largo plazo.

Así que desarrolla el hábito.

Luego construye el estilo de vida.

No te rindas.

CÓMO PERSEVERAR

Tal vez te preguntes cómo *evitar* darte por vencido cuando llegan los momentos difíciles, cuando el Reto de 30 días de bondad se haga pesado o cuando hayan pasado meses desde el Reto y *realmente* quieres regresar a ser esa antigua persona.

Hay muchas estrategias exitosas para perseverar a largo plazo, pero he aquí tres ejemplos muy buenos a recordar mientras hacemos juntos este viaje.

Estrategia exitosa #1: Busca cosas que puedas agradecer

El filósofo romano Cicerón escribió: "La gratitud no solo es la mayor de las virtudes, sino la madre de todas las demás". Y a través de los años, mucha investigación (incluyendo la mía) confirma que es cierto.

Una mujer hizo el Reto de 30 días de bondad para mejorar una relación delicada con su hijo. Cuando completó el Reto y su relación iba mucho mejor, describió su revelación sobre qué es lo principal para lograr que tus esfuerzos tengan éxito:

> Descubrí que mis reacciones causaban muchos de los problemas que me molestaban y preocupaban. Entendí que este asunto de la bondad tenía que ver con salir del hoyo que había cavado y donde me metí voluntariamente. Se trataba de ver a mi alrededor y realmente *notar* y agradecer lo que tenía, en vez de quejarme de lo que no. Tiene mucho sentido. Casi es imposible ser bondadoso, enfocarte en los demás y responder bien *sin* este sentimiento de agradecimiento por lo que te ofrece la otra persona.
>
> No hay manera de sentir esta gratitud sin dejar que Dios te abra los ojos a ella. El agradecimiento surge cuando vemos que no merecemos tantas cosas y Dios nos las da de todos modos. También cuando Dios (o alguien más) nos perdona por ofenderlo o por ser muy egoístas. Al darnos cuenta de que no merecemos bondad y de todos modos la obtenemos, nos liberamos para dar amabilidad sin importar si los demás la merecen o no. Y, la verdad, creo que es *lo* que debe suceder para transformarnos en personas generosas cuyas vidas están marcadas por la bondad.

Estrategia exitosa #2: Registra las señales positivas que van surgiendo

Además de cultivar una actitud agradecida, también podemos hacer cosas prácticas. Aunque realmente necesitamos escribir todos los resultados de nuestros esfuerzos, podemos alimentar la perseverancia de forma particular al identificar, registrar y recordar cada resultado positivo mientras avanzamos. Al parecer, los seres humanos tenemos circuitos de memoria extraños que recuerdan con facilidad lo negativo y olvidan lo positivo. Por eso debemos llevar un diario o cuaderno al hacer el Reto de 30 días de bondad: para atrapar cualquier señal, respuestas alentadoras a oraciones o buenos resultados que, de otra manera, con el tiempo, perderemos de vista.

Recordarnos estos resultados nos mantiene en el camino. Cuando le preguntamos a una mujer si había cambiado algo en ella y su esposo después del Reto de 30 días, al principio no estaba segura. Tuvo que reflexionar un rato la respuesta. Luego dijo:

> Sí, creo que sí. Bueno, una cosa. Soy más consciente del poder de mis palabras y de cómo afectan a mi esposo. Me siento más dispuesta a reconocer, respetar e, incluso, apreciar las diferencias en la forma que nos expresamos y nos demostramos nuestro amor. Me propuse decir o hacer algo diario que lo anime. Verdaderamente, eso es un cambio.

Conforme siguió reflexionando, llegaron a su mente más cosas que no había registrado de forma consciente o no recordaba.

> Ahora que lo pienso, mi esposo me ha sorprendido mucho. Es más reflexivo, amable, comunicativo y me habla de cosas profundas, no tan superficiales. Me da pequeños regalos solo porque me quiere. Cumple las promesas que hace. Ríe más y yo también. ¡Creo que más cosas han cambiado de lo que había notado!

Estrategia exitosa #3: Celebra las respuestas que esperabas

Aunque nuestra atención debe estar en lo que *nosotros* hacemos, cuando la gente en nuestra vida responde, hay que hacerles saber cuán bien van las cosas ¡para que se animen a seguir!

Muchos de los que realizaron el Reto de 30 días de bondad decidieron no decirle a la otra persona lo que estaban haciendo. Pero un hombre nos comentó que decidió contarle a su esposa *porque* sabía que ella lo animaría y él quería asegurarse de escuchar cuán bien le estaba yendo. Luego dijo algo importante:

Cuando empecé el Reto, Carrie de inmediato me hacía saber cómo me iba: "Muchas gracias por hacer esto", "Noté que hiciste esta cosa buena". Estas palabras dichas bastante pronto me ayudaron a seguir adelante. Al menos para los hombres, el apoyo te hace sacar el pecho y decir: "¡Genial!". Es como si estuviéramos tan felices que la otra persona lo haya notado y apreciado que queremos hacer más.

Si una esposa no nos hace saber cómo nos va ni tampoco nos agradece, se pierde la oportunidad de ver un cambio en su pareja. Pero cuando lo hace ¿quién no quiere escuchar frases positivas de su esposa? Y como la mía es muy buena para eso ¡he seguido aunque el Reto ya ha terminado! No porque después de cierto número de días se vuelve un hábito, sino porque recibo este tipo de comentarios positivos.

CAMBIÓ EL CORAZÓN, CAMBIÓ LA VIDA

Entonces ¿qué pasa cuando se terminan los treinta días? Bueno, empieza la vida real. Pero déjame animarte: el movimiento no tiene que parar. ¡Los hábitos no deben disminuir!

Hablé con un hombre cuatro meses después de que terminó el Reto de 30 días de bondad. Había usado el primer elemento alternativo para esposos, tratando de poner en práctica "el asunto ese de prestar atención" como él lo describió. Tenía una gran perspectiva:

Al parecer, antes no era tan bueno en esto. Así que este desafío fue muy benéfico. La mejor parte es que ha sido un cambio duradero.

Creo que, como muchos hombres, tuve la tentación de marcar la casilla (es decir, solo hacer las cosas para tacharlo de mi lista). El riesgo es que cuando termina el Reto pensamos: *¡Por fin, terminé!* y luego regresamos a ver el partido en la tele o a hacer cualquier cosa.

Pero descubrí que, cada día, detenerme para tener una conversación con mi esposa se volvió más fácil y automático. Poco a poco fui dejando de pensar en el asunto. Además, después de un tiempo, me he dado cuenta de que ya no necesito recordarme que debo darle afirmación positiva. Solo lo hago. En realidad, ya no pienso en nada de eso. Ya pasé la parte en que se forman los hábitos, ahora los he adoptado de verdad.

Y es obvio que ella los aprecia bastante. Es mucho más feliz con este contacto diario y persistente. Es enorme. Les he hablado a otros hombres sobre el Reto porque vale la pena cada esfuerzo para obtener resultados.

Como sugieren sus comentarios, mucho de lo que cambia en nosotros es solo tomar consciencia de ello, lo cual nos permite ver los frutos de nuestra labor y animarnos a ser persistentes a largo plazo. Tengamos la misma determinación de la mujer que nos dijo: "Este Reto llegó en el momento perfecto. Sabía que debía cambiar y esto me ayudó a empezar. Ahora mis ojos están abiertos y no pienso volver a cerrarlos".

Mientras avanzas, no solo busques oportunidades para ser bondadoso, también observa lo que sucede cuando lo eres (tanto a corto como a largo plazo). Porque esos resultados que obtengas, tanto en tus relaciones como en ti, serán el mejor incentivo posible para continuar.

Déjame cerrar con esta gran cita de alguien que empezó con una relación demasiado difícil y vio lo que pasaba cuando aplicó los tres elementos de la bondad:

Aprendí mucho sobre mí. Cada día tuve que dejar morir mi ego y ser amable. Cuando lo hacía, mis ojos se fueron abriendo para ver la bondad en la gente por la que hago esto. Y me encantó ver que el estrés y la tensión literalmente desaparecían de sus rostros. Me di cuenta de que el elogio, la afirmación positiva y la generosidad no son difíciles. Descubrí que ser negativo y quisquilloso requiere mucha más energía.

Al final, ser bondadoso simplemente te hace sentir bien.

Parte III

Consejos para 30 días de bondad

¿Listo para lanzarte al Reto de 30 días de bondad? Consulta esta parte del libro todos los días. Aquí, verás tres versiones a escoger, adaptadas para lo siguiente:

- Una esposa que hace el Reto para su esposo.
- Un esposo que hace el Reto para su esposa.
- Una persona que hace el Reto para cualquier otra. Esta versión general es para los que quieren hacer el Reto para un hijo, colega, pareja romántica, familia política, compañero, padre, vecino y demás.

UNAS CUANTAS SUGERENCIAS PRÁCTICAS ANTES DE EMPEZAR

- Para obtener mejores resultados asegúrate de enfocarte en hacer los tres elementos del Reto, ya sea que sigas o no los consejos diarios.
- Conforme avances, recuerda las cosas en las que tienes que esforzarte más (que identificaste al leer este libro).

- En tu diario o cuaderno, documenta lo que intentas cada día y los resultados que logres.
- Considera preparar un diario de regalo: cada día, escribe las afirmaciones de tu Elemento #2 en un diario separado y el día 30 (o después) dáselo a la persona como un obsequio significativo.
- Para apoyo y responsabilidad, dile a un amigo (o cuatro) que haga el Reto contigo. Compartan su viaje en un blog o red social para animar a otros a unirse al Reto.

Ahora, elige la versión del Reto de 30 días de bondad que se aplique a tu situación y ¡empieza!

Haz el Reto para tu esposo

Señoras, he aquí el desafío. Durante los próximos treinta días:

1. No digas nada negativo sobre tu esposo (¡ni a él ni a nadie más!).
2. Cada día, encuentra algo que puedas elogiar o afirmar de forma sincera, díselo y cuéntaselo a alguien más.
3. Cada día, realiza un pequeño acto de bondad o generosidad para él.

Día 1: *¡El Reto empieza hoy!*

¡Empezamos! Hoy, haz algo fuera de lo común para tu esposo, algo que creas que disfrutará. Por ejemplo ¿hay algo que antes hacías para él, pero ya no te da tiempo? Tal vez recogerle sus camisas de la lavandería, llevarle un almuerzo sorpresa al trabajo o hasta sacar la lencería del fondo del clóset para sorprenderlo en la noche. Escribe una nota relacionada con la acción sorpresa que diga "porque te amo" y ponla en un lugar visible.

Día 2: *Piensa en el pasado*

Cuando conociste a tu esposo ¿qué fue lo que más te gustó de él? ¿Cómo es en la actualidad eso que antes te encantaba? Cuéntaselo a tu esposo: recuerda alguna anécdota y de forma explícita dile lo que apreciabas antes y disfrutas ahora.

Si esa característica ya destaca (¡eh!, todos bajamos la velocidad y tenemos cosas que hacer) solo recuerda la historia y cómo esa característica te atrajo a él. Asegúrate de contar la anécdota de forma reflexiva y con admiración, no con melancolía. De otra manera él escuchará ese tono negativo que cuestiona: *¿Por qué ya no haces eso?*

Nota: Si quieres hacer un diario de regalo ¡recuerda empezar hoy! Cada día escribe algo diferente que agradezcas y aprecies realmente de tu esposo. Luego, dáselo cuando termines el Reto. ¡Será un obsequio espectacular!

Día 3: *Deja una nota*

¿Dónde puedes dejar una nota de agradecimiento por algo que tu esposo haya hecho en fechas recientes? Quizá fue un logro específico en el trabajo. ("Estoy muy orgullosa de ti por aguantar, aunque ese cliente haya sido tan difícil"). Tal vez cumplió una meta en el gimnasio, con su peso o empezó un proyecto en casa. ("¡Me *encanta* cómo se ven las repisas!").

Sea lo que sea, tu reconocimiento lo hará volar. Siete de cada diez hombres en nuestras encuestas dijeron que les agrada de forma muy profunda cuando sus esposas les dicen cosas como: "Hiciste un trabajo maravilloso".

Te apuesto a que guardará la nota.

Día 4: *Prepara un poco de amor*

Prepárale el café del desayuno, justo como le gusta. O hazle ese licuado de proteínas que siempre toma, aunque nunca hayas probado ese brebaje.

Si no estás segura de los ingredientes, hoy (u otro día) observa con cuidado cuando lo prepare y toma notas para hacer este acto de bondad al día siguiente.

Aún mejor, cuando le des por sorpresa su bebida matutina, menciona algo que haya hecho para ti hace poco. ("Bueno, tú siempre me sirves mi avena en la mañana…").

Día 5: *Detente, piensa, elogia a tu hombre*

Decide hoy reemplazar pensamientos como *¿Por qué nunca hace...?*, que muchas veces son poco realistas, con reflexiones que respondan a la pregunta: *¿Qué hace para hacerme sentir especial, valorada o amada?*

Luego dile lo que te hace sentir especial (en un mensaje de texto, correo electrónico, llamada por teléfono o en persona). Por ejemplo:

- "Estaba recordando cuando te levantaste para apoyarme en esa incómoda reunión en la iglesia. Gracias por creer en mí".
- "Me encanta que me alcances y me des la mano cuando caminamos. Me hace sentir especial".
- "Siempre me abres la puerta. Me encanta".

¡Inténtalo! Te apuesto a que te sorprenderá ver cómo un poco de reconocimiento lo ilumina. (Pista: para él no es insignificante).

Día 6: *Gracias = Te amo (para él)*

¿Qué hizo tu esposo hoy que le puedas agradecer? Dilo por mensaje, correo electrónico, teléfono o en persona... ¡todo funciona! ("Gracias por cambiar los focos fundidos antes de que te fueras". "Gracias por llevar a los niños al colegio").

Si estás preparando el diario de regalo, asegúrate de añadir una nota de agradecimiento.

Consejo: ¿Crees que decir "gracias" no importa nada? ¡Estás súper equivocada! En nuestras encuestas, el 72 por ciento de los hombres dijo que le agrada mucho cuando su esposa nota su esfuerzo y le agradece de forma sincera por lo hecho. Aunque no lo creas, en lenguaje masculino decir "gracias" equivale a "te amo" (investiga más en el capítulo 2 de *Solo para mujeres*).

Día 7: *Piensa en las cosas positivas cuando te sientas negativa*

A rendir cuentas: ¿Ha hecho tu esposo algo en los últimos días que realmente te haya frustrado o lastimado? ¿Cómo lo manejaste? ¿Te esforzaste para ver las cosas buenas que hace? ¿Compartiste palabras de afirmación con él al igual que en un día normal?

—O—

Será que...

- ¿Compartiste tu frustración con alguien más? (Entendible, pero es un hábito que queremos eliminar con este Reto).
- ¿Te descubriste agrandando la preocupación en tu cabeza? (*Y también hizo esto... y esto...*)
- ¿Tuviste dificultades para olvidarlo?

En tu diario personal, escribe de qué manera pudiste hacerlo bien, cómo respondió y en qué necesitas mejorar.

Día 8: *Haz que sonría... como solo tú sabes hacerlo*

Envíale un mensaje insinuante hoy. Te garantizo que lo hará sonreír ¡sin importar quién esté con él cuando lo lea!

Claro, después ¡asegúrate de cumplirlo en la noche! En nuestras encuestas, el 85 por ciento de los hombres dijo que les complace mucho cuando sus esposas muestran que los desean y se sienten satisfechas sexualmente. Y cuando coqueteas con él y eres juguetona de esa manera, no solo le dices que lo deseas, también que te preocupas por él y que te gusta estar con él de esa forma. Si tú esposo es como la mayoría de los hombres, todas estas cosas serán muy importantes para él.

Día 9: *Del mundo laboral al personal, ayúdalo a hacer la transición*

Hoy (o durante la semana laboral, si hoy es fin de semana), cuando tu esposo y tú lleguen a casa del trabajo, escuela o donde sea que hayan estado, intenta darle tiempo de descanso para pasar del mundo laboral al mundo personal. Incluso le puedes ofrecer algo de beber mientras se relaja, sin presionarlo a hablar. (O si estuvo en casa, encárgate de las tareas domésticas unos minutos para que pueda descansar).

Después, en la cena, pregúntale sobre algo de lo que él se sienta orgulloso y tú no sepas. Por ejemplo, qué fue lo mejor de su trabajo en este día o de qué se siente orgulloso en las últimas semanas. Luego, únete a su entusiasmo sin importar lo que te cuente.

Consejo: A veces, a los hombres no les gusta conversar de su empleo porque sienten que sus esposas cuestionarán lo que hicieron. ("Bueno, si sientes que tu jefe no se da cuenta de este asunto o el otro, ¿por qué no se lo dijiste?") Y seguro no quieren hablar de algo que no hicieron bien porque ya se sienten bastante mal. Pero si saben que pueden compartir un logro o un recuerdo que hará enorguller o emocionar a sus esposas, entonces ¡conversan toda la noche! (Bueno, es una exageración, pero entiendes la idea).

Día 10: *Las parejas que hacen esto tienen cinco veces más probabilidades de ser felices*

¡Prueba de espontaneidad! Salgan a comer helados.

Las parejas que pasan tiempo juntos, hablando o compartiendo una actividad al menos una vez a la semana, tienen cinco veces más probabilidades de ser "muy felices" que las que no lo hacen. Qué gran excusa para ir por un helado ¿no lo crees?

Así que deja a los niños en casa o con un vecino para que, durante un tiempo corto, solo estén ustedes dos. ¡Ah! Y el helado.

Día 11: *Reconoce las cosas grandes*

Piensa en una de las tareas grandes que hace tu esposo con frecuencia (por ejemplo, cortar el césped y podar los arbustos) y cómo sería si tuvieras que hacerlo tú. Luego agradécele por hacerlo.

Para darle un valor extra, alardea de su esfuerzo en esa tarea frente a otra persona como su madre, vecino o uno de sus amigos. ("Así es, ayer hacía calor y Jerry estuvo afuera desenterrando los arbustos secos. Qué amable de su parte").

Consejo: Las próximas veces que tu esposo haga la misma tarea vuelve a apreciarla. Esto te ayudará a ver cosas que tal vez no habías notado. Cuando hablamos con mujeres que perdieron a sus cónyuges, a menudo las escuchamos decir que no tenían idea de lo mucho que dependían de él para hacer ciertas cosas. Afortunadamente, con una mayor consciencia, aprendemos esta lección ¡sin el dolor de la pérdida!

Día 12: *Cómo manejar las expectativas poco realistas*

¿Te gustaría que tu esposo hiciera ciertas cosas, pero crees que si se lo dices ya no cuenta? ¿O piensas *si realmente me quisiera, sería capaz de hacer esto y lo otro?*

Hoy, identifica algunas expectativas. Casi siempre son cosas que causan conflicto, que a ti te dejan decepcionada y a él enojado.

Después, reconoce que si tu esposo es como la gran mayoría, quiere hacerte feliz, pero a veces le es difícil o imposible cumplir ciertas expectativas. Es vital identificar las que son poco realistas. (En nuestra encuesta para *Matrimonios espectaculares: Los pequeños secretos que hacen la gran diferencia*, las parejas más felices tuvieron doce veces más probabilidades de decir que no se permitían mantener expectativas poco realistas).

Así que hoy elige una expectativa que pudiera ser absurda (¡aunque parezca fácil!) y que puedes descartar. Dile a tu esposo que sabes que quiere hacerte feliz y discúlpate si de manera involuntaria le hiciste sentir que fracasó. Luego menciónale que quieres olvidarte de ese asunto en particular y escribe en tu diario las formas de lograrlo.

Día 13: *Una imagen vale más que mil palabras*

Revisa las fotos que se han tomado, ya sea de la semana pasada o de hace treinta años, y elige una que te recuerde algún momento fabuloso que pasaron juntos o que él hizo que fuera especial.

Imprime la foto (o saca una copia si es una antigua). Déjasela junto con una nota donde evoques el recuerdo y el aprecio. ("Mira lo que encontré. Estaba pensando en ese viaje a la montaña que hicimos. Estaba muy asustada, pero me decías que podía hacerlo. Gracias por creer en mí siempre").

Si estás haciendo un diario de regalo, asegúrate de incluir esta historia (y quizá una copia de la foto).

Día 14: *Admira sus habilidades como padre*

Si tienen hijos o hijastros, considera lo siguiente: ¿Qué hace tu esposo como papá en comparación con lo que haces tú como mamá? Podrían ser cosas que él hace diferente porque es papá, incluyendo las que te producen un gesto de dolor.

Por ejemplo ¿en el columpio empuja a la pequeña más fuerte de lo que te gustaría? ¿Lucha con el preadolescente con tanto entusiasmo que corre el riesgo de romper los muebles? ¿Adopta una postura disciplinaria diferente a la tuya con el adolescente? Si sus hijos ya crecieron y se fueron ¿pasa mucho tiempo hablando de fútbol con el más grande y solo se toma un momento para conversar sobre algún problema que enfrenta su hijo en el trabajo?

Hoy, en vez de desear que maneje las cosas más a tu modo, dile lo mucho que lo aprecias y confías en la forma en que lo hace.

Si es posible, atrápalo haciendo algo genial con los niños y señálalo como un ejemplo. ("¿Sabes? Me asusta mucho como luchas con nuestro hijo, pero me encanta que te guste llegar a casa y jugar con él").

Día 15: *Revisión de las dos semanas*

¿Cómo te va con el Reto de 30 días de bondad? ¿Has evitado ser negativa? ¿Tu esposo te ha dicho algo sobre tus esfuerzos o te ha dado alguna afirmación positiva? ¿Has notado algo en sus respuestas que te anime a seguir? ¿Y has sentido alguna diferencia en ti?

Hoy saca tu diario y registra tus pensamientos. Escribe una nota especial de las cosas que parecen significar mucho para él y las que te ayudan a responderle bien. ¿Qué funciona y qué quieres hacer diferente?

Si los dos están haciendo el Reto juntos, este es un gran momento para hacer un alto y hablar sobre el tema. ¿Qué significa más para él? De los esfuerzos que ha hecho ¿cuáles te parecen más importantes?

De todos modos, recuerda que el Reto no consiste en obtener reconocimiento por tus esfuerzos, sino en desarrollar nuevos hábitos buenos en tu forma de pensar, hablar y actuar. Si tu esposo está respondiendo bien ¡maravilloso! Pero si no reacciona de la forma que esperabas, no te rindas. Estos hábitos te servirán el resto de tu vida. ¡Sigue adelante!

Día 16: *La mejor sorpresa*

Hoy en la noche, dale a tu esposo la mejor sorpresa de todas. Juguetea con los pies bajo las sábanas, usa lencería atractiva o haz cualquier cosa que indique que te estás acercando para tener un momento íntimo. Después ¡disfruten la noche!

Nota: Aunque la mayoría de los hombres tiende a querer sexo con mayor frecuencia que las mujeres, este deseo no es universal. En nuestras encuestas y en varios estudios sobre este tema, entre el 10 y 20 por ciento de las parejas están al revés, la mujer tiene el mayor deseo de intimidad física.

Día 17: *Dile lo que te gusta*

¿Hace o dice algo tu esposo que te hace sentir especial? Quizá es algo menor: te dice que eres bonita o te abraza cuando ven la televisión. Tal vez es algo mayor: apoya tu arduo trabajo voluntario en la organización de rescate de animales, incluyendo el hecho de traer a casa toda clase de criaturas, aunque en realidad los animales no sean muy de su agrado.

Sea lo que fuere, díselo y agradécele por hacerlo (si estás haciendo un diario de regalo ¡asegúrate de anotarlo!).

Señoras, quizá se sientan incómodas de decirle a su esposos algo como: "Me encanta cuando me dices que soy bonita". Pero es probable que no distinga cuánto te importa. Dado que quiere hacerte sentir especial, es vital dejarle saber qué funciona. Y entonces, cuando lo haga otra vez, refuérzalo diciéndole que te hace sentir muy bien.

Día 18: *Involucra a los niños*

Si tienen niños ¿qué puedes hacer para ayudarlos a apreciar más a tu esposo? Hoy, piensa las cosas que hace y relaciónalo de forma explícita con tus hijos para que entiendan que es una forma estupenda de demostrarles cuánto los ama. ("Sé que su papá/padrastro tiene que viajar por trabajo, pero no quiere estar lejos de ustedes. De hecho, se esfuerza mucho para que podamos disfrutar esta casa y pagar el club de fútbol. Trabajar duro por nosotros es una manera importante que tiene de decirnos que nos ama").

Luego, pregúntales cómo *pueden* demostrarle su cariño el día de hoy. Algunas ideas son darle un masaje de cuello, regalarle un tazón de helado, hacerle un dibujo o alguna de sus tareas domésticas (como sacar la basura o cortar el césped). Si ya son grandes pueden llamarlo para saludar y ponerse al día.

Y si estás creando un diario de regalo, que tus hijos escriban una nota de cariño para tu esposo. (Si son mayores y ya se fueron, pídeles que te manden una nota por correo electrónico, luego imprímela y pégala en el diario).

Día 19: *Presume de él*

Presume de él en público. Así es. En la investigación, los hombres dicen que volarían muy alto si supieran que a su esposa solo *se le ocurrió* mencionar algo que hizo bien.

Hoy, o en los próximos días, descubre cómo contarle a alguien de forma espontánea algo que tu esposo haya hecho. Sé específica.

¿Hizo algo increíble con los niños, como haber logrado una buena conexión con tu hijo en su viaje de explorador? Cuéntale a tus amigas en la oficina.

¿Puede reparar o construir casi cualquier cosa en la casa? En alguna cena, menciona a la otra pareja cuánto dinero se ahorraron porque él instaló los columpios de los niños.

¿Hace poco logró uno de sus objetivos para estar en buena forma física? Compártelo con tus amigos del club de lectura.

Nota: *No tiene que estar contigo* para que esto importe. Y si no está, entonces en la noche dile de forma espontánea: "Hoy estaba hablando con mis compañeras de la oficina sobre el viaje de exploradores y les conté lo increíble que fuiste con los niños". ¡Observa cómo se le ilumina el rostro!

Día 20: *Tu aumento de confianza marca la diferencia*

En los próximos días ¿qué desafíos o expectativas enfrenta tu esposo en el trabajo? Si hoy es un día laboral para él, antes de que se vaya, piensa en algo que puedas decir o escribirle que le deje saber que confías en su habilidad para alcanzar cualquier expectativa o desafío que tenga que cumplir.

Ah, por cierto, si siente que te satisface en la cama, eso le dará seguridad en la reunión del trabajo. No tiene nada de malo usar este conocimiento de forma estratégica. Cuando sepas que tu esposo tiene un examen o reunión importante, tienes la oportunidad de influir de manera importante en su sentido de confianza y seguridad la noche anterior a la reunión. Si empiezas el sexo y le dejas saber con claridad cuánto placer es capaz de proporcionarte, al día siguiente enfrentará el reto sintiendo que está en la cima del mundo (y que es un campeón).

Día 21: *¿Cómo te hace feliz?*

Seguramente has escuchado que los hombres se orientan hacia el rendimiento ¿verdad? Esto significa que se enfocan en *hacer* cosas que importan. De manera particular, la mayoría de los esposos se concentran en acciones que hacen felices a sus esposas. Así que hoy, vigila con atención para identificar algo que tu cónyuge diga o haga para intentar hacerte feliz. Luego reconócelo y dale las gracias.

En nuestras encuestas, el 88 por ciento de los varones dijeron estar muy complacidos cuando sus parejas les hacen saber que las hacen felices (una gran sonrisa, palabras, un abrazo). Entonces, hoy, cuando tu hombre haga algo que te alegra, asegúrate de expresar esta felicidad. ¡Y sé específica! ("Ah, me hizo tan feliz ver que ayudaste a Peter con su tarea y no te frustraste, aunque él ya estaba desesperado. Me encanta como tratas a nuestros hijos").

Día 22: *Salgan a caminar*

Salgan a caminar y respirar un poco de aire fresco.

Dile qué es lo que más te gusta cuando pasas tiempo con él. ¿Te hace sentir joven otra vez? ¿Te agrada conversar con él sin que nadie los interrumpa? ¿Te hace reír?

Sin importar lo que sea, hoy, mientras caminan, dile por qué te gusta, no solo por qué lo quieres.

Día 23: *Hazlo otra vez*

A rendir cuentas: De las cosas que has hecho durante este Reto, elige la que más efecto tuvo en tu esposo. Repítela.

Escribe en tu diario personal por qué crees que es tan importante.

Día 24: *Ora por él*

Ora por tu esposo, luego envíale un mensaje de texto o correo electrónico sobre eso. ("Sé que tienes una reunión importante con tus jefes y pedí _____ para ti").

Algunos hombres son más emotivos cuando oran y otros no. Pero de todos modos, a casi todos les gusta saber que alguien ora por ellos. También le demuestra que estás atenta a su día y a lo que pasa en su vida, incluso cuando está lejos.

Día 25: *Valora el romance*

Reconoce los esfuerzos románticos de tu esposo y aprende a distinguir lo que él ve como tal. No todos los hombres se sienten cómodos siendo cariñosos en público pero resulta que la mayoría (85 por ciento) ¡se sienten así en el interior! Son románticos en secreto. ¡Solo que también les parece tierno salir con sus esposas y hacer cosas juntos! Cuando quieren jugar golf, practicar un pasatiempo o hasta sentarse a ver el partido de fútbol en la televisión juntos, nota que quiere hacer todo *juntos,* y esto es romántico para él. Solo quiere estar contigo.

Entonces ¿qué señales te indican que tu esposo quiere estar contigo? ¿Hace algo para mantener el romance en tu relación? Hoy, dile lo que identificaste y lo que significa para ti. Le dará mayor confianza en sus esfuerzos románticos.

Si estás creando un diario de regalo ¡también asegúrate de anotar esto!

Día 26: *Reconoce los esfuerzos invisibles*

Piensa en las cosas rutinarias que hace tu esposo para mantener la casa: trabaja todos los días, saca la basura, está al corriente del mantenimiento de los coches, corta el césped… Reconoce el tiempo que implican estos esfuerzos "invisibles" y lo agradecida que estás por tener un hombre tan maravilloso.

Observa su reacción, puede ser el mejor incentivo para seguir diciendo estas cosas, ¡incluso después de terminar el Reto! Claro, tú también haces tareas domésticas y rutinarias. Pero el Reto de 30 días de bondad se trata de construir grandes hábitos para mejorar una relación, y uno muy importante es ser consciente de las cosas positivas *de tu esposo.* Así que ¡aguanta! Estás a días de terminar el Reto.

Día 27: *Quédate en el momento*

Hoy, en la *siguiente* interacción que tengas con tu esposo ¿qué es lo más amable que puedes hacer por él? Cuando te llama para decirte que llegará tarde a cenar ¿es hablarle en un tono más amable o bondadoso en lugar de uno frustrado? Cuando te manda mensaje para decirte que recogerá a Johnny de camino a casa en vez de que tú tengas que hacerlo ¿le dices "eres un gran papá"? Cuando llega de un día agotador ¿la cosa más bondadosa sería darle un abrazo y dejarlo que desaparezca en su cueva sin presionarlo a hablar?

Sea cual fuere tu próxima interacción, piensa *¿qué es lo más bondadoso que puedo hacer en este momento?* Y hazlo.

Día 28: *Da por sentado que quiere hacerte feliz*

Hoy, sin importar si es un buen día o hay un conflicto, piensa lo mejor de tu esposo. Sobre todo, da por sentado que quiere hacerte feliz. En nuestras encuestas, casi todos los casados dijeron preocuparse mucho por sus parejas. Incluso entre los matrimonios con problemas ¡solo la mitad suponía que no les importaban a sus cónyuges! A veces, sin darnos cuenta, cuestionamos si nuestro esposo de verdad nos quiere.

Hoy, dile que sabes que quiere hacerte feliz y que ves su esfuerzo cuando _____. ¡Agradécele eso!

Día 29: *Escríbelo*

Mañana es el último día del Reto. Durante casi un mes has practicado el hábito de cazar tus palabras y pensamientos negativos y reemplazarlos con unos positivos.

Así que, hoy, piensa en todo lo positivo que notaste en tu esposo durante el último mes y que antes habría pasado desapercibido por la rutina de la vida. Crea una lista y titúlala: "Las cinco cosas que ahora aprecio de mi esposo".

Haz dos copias, una para tu diario personal y una para el de regalo (si es adecuado).

Nota: Si estás preparando el diario de regalo piensa cómo se lo quieres dar. ¿Lo envolverás y se lo entregarás mañana? ¿O lo guardarás para una fecha posterior?

Importante: Si están haciendo el Reto juntos, ten en mente que quizá no te preparó un diario de regalo y *está bien*. La clave es construir hábitos ¡es lo más importante!

Día 30: *¡Lo lograste!*

¡Felicidades! ¡Llegaste al último día del Reto de 30 días de bondad!

Hoy, reflexiona sobre lo siguiente: ¿Cuál es el hábito de palabra, pensamiento o acción que más le gustaría *a tu esposo* que siguieras practicando? ¿Evitar la crítica? ¿Decir "gracias" por las cosas que hace? ¿Realizar un pequeño acto de bondad en particular?

¿Este hábito tendrá un gran impacto en la felicidad de tu matrimonio? Si es así, ¡decide continuarlo!

Luego, en tu diario personal, escribe lo que más conmovió a tu esposo y a ti durante el Reto de 30 días de bondad. También el hábito personal que más quieres hacer de ahora en adelante. Y si deseas más ideas para los días siguientes, lee *Solo para mujeres* (un libro sobre hombres) o *Matrimonios espectaculares: Los pequeños secretos que hacen la gran diferencia* (sobre los hábitos simples que forman matrimonios maravillosos). La clave es sacar ideas específicas y realizarlas para seguir creciendo y desafiándote hacia la bondad.

Gracias por hacer este viaje de treinta días ¡y disfruta la travesía que tienes por delante!

Haz el Reto para tu esposa

Hombres, gracias por hacer el Reto de 30 días de bondad. Nota: Tu Reto está ajustado con la versión del Elemento #1 (consulta el capítulo 9) en vez de Niega lo negativo (consulta el capítulo 6). Aunque si prefieres hacer la versión regular del Elemento #1, ¡adelante!

Bueno, aquí vamos. Durante los próximos treinta días:

1. No te distraigas y no te retires. Préstale a tu esposa total atención durante una conversación de quince minutos. (Y si están enojados, quédate en la discusión cinco minutos más después de que quieras retirarte).

2. Cada día encuentra al menos una cosa que disfrutes o aprecies sobre ella, díselo y cuéntaselo a alguien más.

3. Cada día, realiza un pequeño acto de bondad para ella.

Día 1: *¡El Reto empieza hoy!*

¡Empezamos! Hoy, poco después de que tu esposa y tú lleguen a casa de trabajo, elimina todas las distracciones durante quince minutos (físicamente guarda tu celular, apaga la televisión) y pregúntale algo específico sobre su día, algo que no se conteste con un "bien". ("¿Qué pasó con tu presentación en el trabajo?". "¿Los niños se comportaron mejor entre ellos?"). Escucha y haz preguntas de seguimiento.

La esquina del entrenador: Practica esta manera de prestar atención. Es un hábito clave que construirás durante los próximos treinta días y algo que la hará muy muy feliz.

Día 2: *¿Qué está haciendo tu esposa?*

Hoy ¿qué está haciendo tu esposa? ¿Lo mismo de siempre o algo diferente? Sea lo que sea, mándale un mensaje o llámala *durante el día* y pregúntale de forma específica cómo le va en tal o cual cosa.

¿Por qué es importante? El 75 por ciento de todas las mujeres en la encuesta afirmó que le gusta mucho cuando su hombre le escribe o deja un mensaje de voz durante el día para decirle que se acordó de ella. Mostrar que incluso en el trabajo piensas en ella es el código para "te amo".

La esquina del entrenador: Esta noche o luego de que le hayas prestado atención durante quince minutos, da seguimiento a lo que te dijo durante el día. Si tu esposa es muy conversadora y te preocupa ser capaz de escucharla atentamente si se pasa del límite, puedes empezar la pregunta así: "Tengo que acostar a Brandon en unos quince minutos, pero antes quiero escuchar que pasó con _____".

Día 3: *"Acepto" no es el fin del cuento*

Elige una de estas frases y dísela en la noche a tu esposa (y realiza la acción correspondiente):

1. "Hoy pensé en ti".
2. "Déjame cuidar a los niños esta noche. Te mereces un descanso".
3. "¿Puedo orar por ti por eso?".
4. "Apagaré mi celular y computadora esta noche".

La esquina del entrenador: ¿Por qué estas frases importan tanto? Para tu esposa, tu "acepto" de seguro no fue el fin de la historia. Cada día, la mayoría de las mujeres se preguntan de forma inconsciente: *"¿Todavía...?"*. Sobre todo después de una discusión, cuando reconoce que ya no se ve como la joven en bikini con la que te casaste o cuando surge su Cruella de Vil interior. Así que todos los días necesita asegurarse de que la amas. Las cuatro declaraciones anteriores son ejemplos de cómo decirle eso. Y desarrollar el hábito de señalarle tu interés continuo aumentará su seguridad de que, sí, ¡realmente la amas! (Por eso encontrarás estas ideas repartidas a lo largo de los siguientes días).

Día 4: *Cómo dibujar una sonrisa en su cara*

De las tareas que tu esposa realiza con frecuencia ¿cuál odiarías tener que hacer? Ya sea en persona, mensaje o nota, agradécele el hacerla todo el tiempo.

Si decides hacerle un diario de regalo y todavía no empiezas, comienza hoy. Cada día escribe algo diferente que ames, aprecies o disfrutes de tu mujer (¡como esa tarea!). Después le darás el diario como un obsequio (por ejemplo, en una cita). Será un regalo espectacular que valorará mucho.

La esquina del entrenador: No tienes que usar las palabras específicas "gracias por lavar la ropa" para expresar gratitud. Incluso si dices algo en "lenguaje de hombre" provocarás una sonrisa en su cara. ("Si no fuera por ti, amor, tendría que andar sin ropa interior todos los días. Eres increíble").

Día 5: *Cuando se preocupe, escucha y ofrécele orar por ella*

Como procesadoras verbales, la mayoría de las mujeres piensa las cosas hablando de ellas. Esto significa que un esposo escuchará muchas de sus preocupaciones. Como de seguro lo mencionó hoy (o lo dijo en fechas recientes), pregúntale sobre eso en tus quince minutos de conversación/total atención.

Cuando te cuente la preocupación, escucha durante unos minutos, pregúntale cómo se siente al respecto para que tenga la oportunidad de hablar más sobre ello y pregúntale si puedes orar con (o por) ella por la situación. (Si no te sientes cómodo orando juntos o en voz alta, dile que orarás por ella y luego asegúrale que lo hiciste).

La esquina del entrenador: ¿Tu esposa ha mencionado algo de lo que has hecho hasta ahora? Si no es así, no importa ¡persevera! Quizá está muy ocupada para notarlo o, si tu relación es difícil, podría no estar muy interesada en involucrarse en este momento. Aunque las felicitaciones son agradables, estos treinta días no implican recibir reconocimiento. Se tratan de cambiar tu matrimonio, no solo con acciones amorosas como aprender a escuchar, sino cambiando tu actitud, satisfacción y felicidad al concentrarte en lo positivo. Las recompensas valdrán la pena.

Día 6: *La clave para complacerla*

¿Qué hay del sexo? Hoy o mañana, procura darle pistas divertidas de "tiempo de anticipación" y observa qué pasa. Tal vez debas preguntarle (en su conversación de hoy) cuánto tiempo de anticipación necesita. Algunas mujeres requieren un día completo, otras solo algunas horas y un pequeño porcentaje, nada.

Los terapeutas sexuales cristianos Debra Taylor y Michael Sytsma lo explican de esta manera:

Este [deseo sexual] es un área clave de los malentendidos entre esposos. Muchas mujeres nos comentan: "Disfruto el sexo cuando tenemos 10 o 15 minutos de juegos previos y pienso '¡Ay! ¡Deberíamos hacer esto más seguido! Pero durante la semana ni siquiera lo pienso. Me gustaría ser más sexual porque disfruto la cercanía que nos proporciona'".[36]

Lee más sobre esto en http://intimatemarriage.org/resources/ 73-7-things-you-need-to-know-about-sex.html#sthash.4dhUHaJn. dpuf.

La esquina del entrenador: ¿Te has preguntado dónde se integra el sexo en el Reto? *No* estamos uniendo las dos cosas a propósito porque en la mayoría de los matrimonios (aunque no todos) los hombres piensan en el sexo más que las mujeres y muchos tienen gestos cariñosos con el sexo en mente. Pero esto sabotea tus esfuerzos sin querer porque hace que las mujeres piensen: *En realidad no le importa, solo quiere tener sexo después.*

Así que, durante estos treinta días, abrázala y sé amable solo porque sí. Esto no significa abstenerse del sexo, pero procura dejar algo de tiempo y espacio entre tus actos de bondad (o abrazos) y el inicio de tu relación sexual.

Día 7: *Pelea justa*

A rendir cuentas: Reflexiona cómo has manejado los conflictos y las retiradas durante el Reto y convérsalo con tu esposa.

Si han tenido un conflicto ¿te quedaste ahí cinco minutos más después del momento en que quisiste escapar (suponiendo que estabas controlando tu temperamento y no hubo necesidad de retirarse para evitar decir o hacer algo hiriente)? Si es así ¡felicidades! Escribe *cómo* lo hiciste.

¿O dijiste "Bien ¡haz lo que quieras!" mientras salías de la habitación? Si es así:

1. ¿Qué podrías hacer para no romper el diálogo?
2. La próxima vez, antes de retirarte de la habitación, tranquilízala: "Vamos a resolver esto, pero necesito un momento para calmarme".

La esquina del entrenador: En la mayoría de los casos, evitar la tentación de retirarse es un buen hábito porque reafirma y tranquiliza a tu esposa cuando está más vulnerable. Así que, pregúntale si aguantar ahí unos minutos extra significaría algo para ella y conversen sobre cómo lograrlo. Estarás más dispuesto a hacerlo si lo planean.

Una vez que lo intenten, escribe cómo les fue. La mejor manera de construir un buen hábito es reconocer cuando lo hiciste bien (además de pensar estrategias exitosas para arreglar lo que está mal). Si llevas un diario personal, escribe lo que aprendiste de este tema para ver lo que estás haciendo bien y en qué necesitas trabajar más.

Día 8: *Involucra a los niños*

Hoy, si tienes hijos/hijastros en casa, haz algo para ayudarlos a apreciar más a tu esposa. Por ejemplo, elige una o más de estas ideas:

- Si aún no lo hacen, recuérdales agradecer a mamá cuando sirve la comida.
- Pregúntales qué hicieron para ayudar a su madre/madrastra hoy. Si te miran de forma inexpresiva, diles que se tomen cinco minutos para pensar una idea y llevarla a cabo en algún momento de hoy o mañana. Luego comprueba que lo cumplieron.
- Enséñales a hacer una tarea doméstica que a veces puedan realizar por ella.
- Si estás haciendo un diario de regalo, que los niños escriban una nota de cariño a tu esposa.
- Si tus hijos ya crecieron y se independizaron, pídele a uno o más que la llamen o le manden un correo electrónico para decirle: "Gracias por ser una madre maravillosa".

La esquina del entrenador: Las madres quieren ser apreciadas siempre, no solo el Día de las Madres. Desarrollar una actitud diaria de gratitud en tus hijos no solo es maravilloso para tu esposa, sino que también ayudará a que los niños aprendan esta actitud en otras áreas de la vida.

Día 9: *La intención es lo que cuenta*

Hoy, llévale un regalo pequeño y dile: "Estuve pensando en ti". Puede ser su dulce favorito, goma de mascar, una taza bonita de la cafetería donde tuviste una reunión, una pluma bonita (las mujeres adoran el pasillo de papelería en Target, Walmart o las librerías).

La esquina del entrenador: Aunque el "lenguaje de amor" de una mujer quizá no es dar y recibir regalos, de verdad, la intención es lo que cuenta. Incluso si solo le das una botella pequeña de jarabe de avellana y le dices: "Vi este dispensador cuando estaba en la reunión con Bill y sé cuánto te gusta ponerle a tu café". Esto le dice algo muy valioso: *Estaba pensando en ti.*

Día 10: *Las acciones pequeñas tienen un gran impacto*

Hoy o la próxima vez que pasen un tiempo juntos, como al dar un paseo por el estacionamiento o solo sentarse a leer o ver televisión en el sofá, toma su mano, pon la tuya en su rodilla o abrázala.

Estas acciones pequeñas le indican que la volverías a elegir, lo cual es una de las cosas que más necesita saber todos los días. Y si lo haces en público, es un extra en su escala de valores.

Consejo: Después de este detalle no intentes iniciar el sexo porque pensará que solo le muestras afecto para llevarla a la cama.

La esquina del entrenador: A veces nos perdemos las cosas pequeñas que tienen un gran efecto en nuestras parejas solo porque para nosotros no son importantes. Observa la reacción de tu esposa cuando la abrazas (¡seguro te darán ganas de hacerlo otra vez!). El 82 por ciento de todas las mujeres en nuestras encuestas dice que les complace mucho cuando su hombre le da la mano. En eso consiste una gran ventaja: una acción pequeña que tiene un gran impacto. ¿Quién lo diría?

Día 11: *Dale afirmación positiva todos los días*

¿Todos los días has encontrado algo positivo que elogiar? Si tienes problemas en tu matrimonio o sientes que no te aprecia, quizá sea fácil concentrarte en lo negativo.

Piensa y haz una lista de las cosas reales y positivas que aprecias de tu esposa. Escríbelas en tu diario personal y elige una como tu afirmación para hoy (otros días también puedes consultar tu lista).

La esquina del entrenador: Si te concentras en algo, crecerá. Entrénate para enfocarte en lo positivo, incluyendo cómo se siente tu esposa hacia ti. Aun en las parejas más problemáticas de nuestras encuestas, el 97 por ciento dijo preocuparse por sus compañeros de vida. En otras palabras, es casi seguro que tu mujer se preocupa por ti. Recuerda esto mientras practicas concentrarte en lo positivo.

Si tu esposa es muy criticona, es fácil pensar: *Nada de lo que haga le parece bien.* Deja de hacerlo. En vez de eso, considera que quizá sea verdad (ella no se da cuenta de lo dolorosa, irritante, denigrante o frustrante que es su crítica para ti) y observa todas las otras formas en que te demuestra cariño.

Día 12: *Pequeña pero amorosa*

Idea de bondad: ¿Dónde puedes dejar una pequeña nota de afecto para tu esposa? ¿En el espejo del baño? ¿En el volante del coche? ¿Dentro de su bolsa? Escribe dos notas y pega una en tu diario de regalo (esta puede ser toda tu entrada de hoy).

La esquina del entrenador: "Que tengas un buen día" no muestra suficiente afecto, estás diciendo lo mismo que el repartidor de UPS. "Te amo" es buena, pero trata de encontrar otras palabras más amorosas para sus oídos. Por ejemplo: "Estoy tan feliz de haberme casado contigo". "¡Hola, preciosa!". "Eres la mejor persona que conozco. Te amo". "No imagino la vida sin ti".

Día 13: *Déjame ayudarte*

Esta noche, cuando tu esposa empiece a hacer una tarea doméstica, sin darle mucha importancia dile: "Déjame hacerlo".

Si tienes niños, que también ayuden para enseñarles como agradecer a su mamá/madrastra. Esto les enseña a servir a los demás *en casa*, que es donde empiezan las buenas costumbres.

La esquina del entrenador: Con el rabillo del ojo, observa las reacciones de tu esposa ante esta acción útil e inesperada. Si es feliz, pero objetiva, quizá significa que te ve como alguien que hace este tipo de cosas, lo cual es genial. Si reacciona con una sorpresa total o hasta con sospecha, significa que necesitas hacerlo más seguido, lo que será una gran oportunidad para ser el héroe de tu mujer.

Día 14: *Satisfacer sus necesidades puede ser más simple de lo que crees*

¿Tu esposa ha estado diciendo algo que indique una necesidad o deseo en particular? Quizá necesita algo de ti ("me gustaría que llamaras para avisar cuando vas a llegar tarde a cenar") o solo sueña en voz alta ("sería lindo llevar a los niños a visitar Yosemite algún día"). Sea lo que sea, saca el tema y convérsenlo. Ten la disposición de cambiar si esto es importante para ella.

La esquina del entrenador: He aquí un consejo sobre mujeres: aunque no sepas cómo satisfacer una necesidad en particular ("pero no siempre puedo llamar cuando voy a llegar tarde ¡porque estoy en reuniones con los clientes!"), significará mucho para ella si te preocupas en pensar algunas ideas y tratar de solucionarlo en vez de enojarte o dejar de hablar del asunto. Y quizá descubras posibilidades creativas que no habías considerado antes. (Por ejemplo, mandar el mensaje "6/7+" a escondidas, bajo la mesa en la reunión con el cliente, significa "Dije a las 6:00 p. m. pero no podré salir hasta después de las 7:00 p. m.").

Día 15: *Revisión intermedia: Observa tu interior y el exterior*

Toma tu diario personal, reflexiona sobre estas dos cuestiones y toma notas sobre lo que has aprendido.

Primera, observa en tu interior: ¿Ves alguna diferencia en cómo te sientes o cómo percibes tu matrimonio como resultado de este Reto? Por ejemplo ¿es más fácil darle a tu esposa los quince minutos de total atención todos los días? Pensar en sus características positivas o planear un acto de bondad ¿es más sencillo hoy que el primer día? Si es así ¡vas progresando!

Segunda, identifica las pistas de tu esposa: ¿Ves alguna diferencia en ella o en cómo se siente con respecto a ti o al matrimonio? Por ejemplo ¿cómo está disfrutando los quince minutos diarios de total atención? ¿Responde más o mejor a los actos de bondad o a las palabras de amor?

La esquina del entrenador: En nuestra investigación, descubrimos que una de las mejores cosas que puede hacer un hombre para mejorar su matrimonio es estudiar a su esposa. "Aprender" sobre ella. No solo lo que le gusta, no le gusta o sus comidas favoritas, también cómo leerla. ¿A qué responde mejor? ¿Cuáles son las señales que indican que se siente deprimida, herida, inspirada, amada? Conocerla vale todo tu tiempo y esfuerzo. Cuando intuyas y sigas sus señales, verás que las buenas aparecen más seguido.

Día 16: *Dile que es hermosa*

En algún punto de hoy o mañana temprano, dale un fuerte abrazo y dile que es hermosa. Señala de forma específica qué te gusta de ella. En mi investigación, el 75 por ciento de todas las mujeres encuestadas dijo que les "agrada mucho" cuando les dicen de forma sincera que son bonitas. Esta es una de las cinco acciones pequeñas pero fantásticas que, según las encuestas, les importan mucho a casi todas las mujeres. (Las otras se describen en *Matrimonios espectaculares: Los pequeños secretos que hacen la gran diferencia*).

La esquina del entrenador: Todas las mujeres quieren sentirse atractivas para sus hombres, pero algunas han perdido la esperanza. Quizá tu esposa ya no se ocupa de su apariencia externa tanto como cuando se conocieron, pero quiere ser atractiva para ti. ¿Qué te gusta de sus atributos femeninos?

Día 17: *Aire fresco y una gran conversación*

Salgan a tomar aire fresco y caminen por el vecindario. Dale la mano para enviarle la señal clara de "te amo". Si sus tiempos lo permiten, repítelo el fin de semana y den una caminata juntos.

La esquina del entrenador: Estos pueden ser tus quince minutos de total atención si hablas sobre algo que a ella le importe mientras caminan, en vez de contarle cómo te imaginas el equipo perfecto de fútbol.

Si estás haciendo el diario de regalo y de verdad quieres anotar un jonrón, recoge una hoja o flor, guárdala entre las páginas, ponle fecha y un comentario lindo.

No, de hecho, ¡será un jonrón con las bases llenas!

Día 18: *¡Sé específico!*

Envíale un mensaje de texto diciéndole una cosa *específica* que ames y disfrutes de ella. Hazlo ahora ¡antes de que se te olvide! (Y también agrégalo a tu diario). En las encuestas, el 75 por ciento de todas las mujeres dice que los mensajes durante el día les agradan mucho.

La esquina del entrenador: Si hoy estás molesto o triste con ella (por cualquier razón), no tienes que sentir amor justo ahora. Solo recuerda la última vez que te gustó o encantó algo de ella. Escríbeselo.

En 2014, un artículo de *The Atlantic* sobre la investigación de John Gottman indicó: "La gente que se enfoca en criticar a sus parejas ve negatividad donde no la hay y se pierde un enorme 50 por ciento de cosas positivas que hacen sus cónyuges".[37]

Día 19: *¿Qué piensa?*

¿Tu esposa ha notado o dicho algo sobre tus esfuerzos durante el Reto de 30 días de bondad?

Si es así, dile cómo te sientes cuando reconoce tus esfuerzos (aunque no sepa que estás haciendo el Reto). Quizá no se da cuenta de cuanto significa para ti cuando te dice "gracias". Un pequeño empujón puede impulsarla a animarte.

Si no es así, piensa en qué funciona bien, qué quieres hacer diferente y a qué responde mejor (e intenta hacerlo más).

La esquina del entrenador: Si no ha notado tus esfuerzos o parece indiferente ante ellos, considera si primero hay alguna otra cosa que hacer. Por ejemplo, si la lastimaste y esa herida no ha cerrado, ninguna cantidad de bondad o atención sustituye a una disculpa. Cuando pidas perdón, ella estará más abierta.

Día 20: *Cuenta una historia*

Recuerda algo que hizo tu esposa y que te encantó. Vuelve a contar la historia para que sepa cómo te sentiste al respecto. ("¿Te acuerdas la vez que ayudamos a Frank y Jeannie cuando tuvieron aquel accidente automovilístico? Fuiste increíble"). Sí, esto puede contar como tus quince minutos de total atención si propicias la conversación y la escuchas.

La esquina del entrenador: ¿Necesitas un auxiliar de memoria para encontrar una historia que contar? Piensa en un evento único, el reconocimiento especial de un logro, cómo te felicitó frente a tus amigos, empezó un momento íntimo realmente fubuloso o se esforzó mucho para ceñirse al presupuesto en tiempos difíciles. Si estás creando el diario de regalo, inmortaliza la historia y cómo te hizo sentir.

Día 21: *Dale un descanso*

Hoy dile: "Te mereces un descanso. Déjame vigilar a los niños esta noche". Si no tienes hijos, haz algo fuera de lo normal solo porque es extraordinaria para ti: prepara la cena o compra una comida especial.

La esquina del entrenador: Los momentos "solo porque" son muy poderosos. Y tienen mayor impacto cuando son inesperados. Un mensaje "solo porque" dice "te amo" a través de la *acción*.

Día 22: *Algo especial*

Hoy, refuerza algo que hace tu esposa y te hace sentir especial. Dile qué es y lo que te provoca. Agradéceselo.

Es probable que ya esté tratando de demostrarte lo importante que eres para ella, y esto le dirá que notas sus esfuerzos y que significan mucho para ti. Seguro repetirá algo si sabe que está funcionando, sobre todo si se preguntaba si te darías cuenta.

Nota: Si "algo especial" está relacionado con el sexo ¡no lo inicies justo después de decirle esto! Si te esperas, confiará en tus intenciones.

La esquina del entrenador: ¿Se te dificulta encontrar algo de ella que te hace sentir especial? Piensa en tu cumpleaños o en el Día del Padre y cómo los planea. ¿Qué prepara para que esos días se destaquen del resto del año?

¿O cómo te trata distinto que al resto de los hombres?

No tienes que descubrir algo extraordinario. Cualquier cosa que haga y te produzca una sensación especial vale la pena.

Día 23: *La belleza del matrimonio*

Recuerda las primeras citas con tu esposa. ¿Qué te atraía de ella en esa época *que todavía ves en la actualidad?* Díselo, incluso por mensaje: "Estaba pensando en la primera vez que te vi. ¿Recuerdas aquel restaurante? Eras la mujer más bella que había visto. Aún lo eres". Si puedes, cuéntale toda la historia y evoca partes de ella.

Si estás haciendo un diario de regalo, será maravilloso que narres la historia completa.

La esquina del entrenador: La belleza de las citas es que todo en tu pareja es fresco y nuevo. La belleza del matrimonio es que puedes ser honesto, vulnerable y *decirle* al otro lo que pensabas en aquellos días ¡de una forma en la que nunca te habías atrevido! Así que ¡usa esta habilidad para ser más abierto!

Día 24: *Los esfuerzos invisibles*

Piensa en las cosas rutinarias que hace tu esposa para mantener la casa funcionando: paga las cuentas, administra el seguro médico, registra las montañas de papeleo escolar, está pendiente de las citas al dentista de los niños y del cumpleaños de tu hermana. Hoy, reconoce el tiempo que le implican estos esfuerzos invisibles y lo agradecido que estás de tener una esposa tan maravillosa.

La esquina del entrenador: Identifica su reacción, ¡quizá sea el mejor incentivo para repetir esta acción! Claro, tú también haces cosas domésticas y rutinarias. Pero el Reto de 30 días de bondad implica construir grandes hábitos para mejorar una relación, y uno de ellos es ser consciente de las cosas positivas de tu esposa. Así que ¡aguanta! Estás a seis días de terminar el Reto.

Día 25: *Rompe las cadenas de la rutina*

¡Prueba de espontaneidad! Hoy o esta noche, haz algo completamente espontáneo que ella disfrute. Dile: "Apagaré el celular, la computadora y la televisión" y solo conversen y hagan las tareas domésticas juntos. O invítala a tomar un café durante su descanso en el trabajo o a un postre después de cenar, incluso sugiere de último minuto: "¡Oigan! Sé que mañana hay clases, pero los niños no tienen tarea. ¡Vamos al cine!". ¿Qué puedes hacer que sea divertido y espontáneo?

La esquina del entrenador: Quizá parezca artificial, pero de vez en cuando hacer algo espontáneo solo por diversión es una forma genial de demostrar que te importa. ¿Por qué? Porque muestra que estás dispuesto a apartarte de tu rutina para hacer algo que los divierta a los dos. Si te gusta la espontaneidad pero piensas que tu esposa no quiere (o no puede por las obligaciones escolares de los niños), empieza hoy a insinuar que en uno o dos días harás algo loco, solo por diversión, para que se vaya haciendo a la idea.

Día 26: *Prepara amor*

¡Solo faltan cinco días! Hoy, llévale su café, té o lo que tome, tal como le gusta.

La esquina del entrenador: Volverse un experto toma tiempo, y durante este Reto invertiste tiempo para aprender qué es importante para tu esposa. Con suerte, las horas que dedicaste a convertirte en un conocedor de sus gustos y preferencias (el café solo es uno de muchos ejemplos) ¡te generará grandes recompensas!

Día 27: *¿Qué te hace sentir muy bien?*

En los últimos días ¿tu esposa dijo o hizo algo que te hizo sentir genial? (Por ejemplo ¿te comentó que le gusta como manejas la tarea con los niños?) Quizá no sabe que te llamó la atención, así que dile. (Y si estás preparando un diario de regalo, escribe esta historia, será maravilloso).

La esquina del entrenador: Cada vez que quieres repetir una acción, la retroalimentación positiva le indica a tu esposa que identificaste y valoraste lo que hizo o dijo.

Día 28: *Revisa y repite*

Elige algo que hiciste durante el Reto y que tuvo el mayor impacto en tu mujer. Hazlo otra vez.

La esquina del entrenador: En la investigación con miles de hombres y mujeres, es claro que la mayoría trata de complacer a su pareja. Pero muchas veces los varones se esfuerzan en las cosas equivocadas porque suponen que a sus esposas les gusta lo mismo que a ellos. Así que identifica qué provoca el mayor efecto en tu pareja, hazlo de nuevo y registra en tu diario personal por qué crees que fue tan impresionante.

Día 29: *¡Una cita!*

Elige un día, dentro de una semana o dos a partir de ahora, y pro- ma una cita con tu esposa. Es más, comprométete a salir solo 'la una vez a la semana. En este Reto ya viste los beneficios de pasar tiempo juntos con frecuencia, así que ¡planea una forma de seguir haciéndolo!

La esquina del entrenador: ¡Mañana es el último día del Reto! Si vas a darle un diario de regalo, piensa cómo lo harás. ¿Quieres envolverlo y entregarlo mañana o lo guardarás para una cita posterior? Si lo guardas para después, tenlo a la mano y sigue agregándole cosas. Quizá descubras que vale la pena continuar los hábitos que construiste (ya sea en un diario de regalo o en notas independientes, lo cual es una forma fabulosa de decir "te amo").

Día 30: *Fin del curso*

¡Felicitaciones! Hoy, ¡has logrado terminar el curso! Ahora piensa: ¿Cuál hábito le gustaría a mi esposa que siguiera haciendo? ¿Escuchar durante quince minutos? ¿Decirle las cosas que me gustan de ella? ¿Hacer pequeños actos de bondad? ¿Cuál hábito tiene mayor impacto en tu felicidad, en la de tu esposa o en ambos? Elige con cuál quieres continuar y ¡decídete a hacerlo!

La esquina del entrenador: Envíate un mensaje de texto o un correo electrónico diario o cada dos días con los "pasos siguientes" (aumentará tus probabilidades de hacerlos). Por ejemplo: "Darle el diario de regalo en nuestra cita del próximo viernes por la noche" o "seguir escuchando quince minutos al día". Si quieres más consejos para el futuro, lee *Solo para hombres* (nuestro libro sobre mujeres) o *Matrimonios espectaculares: Los pequeños secretos que hacen la gran diferencia* (sobre los hábitos simples que generan matrimonios increíbles).

Gracias por hacer este viaje de treinta días ¡y disfruta la travesía que tienes por delante!

Haz el Reto para cualquier persona

Elige a alguien de tu comunidad personal, profesional o geográfica (tu jefe, pareja romántica, hijo, vecino, familia política) como tu objetivo de bondad con la esperanza de mejorar su relación. Debe ser alguien con quien interactúes de manera regular (ya sea en persona, por teléfono o por correo electrónico).

Nota: Como cada relación es diferente, adapta el Reto y los consejos diarios según sea necesario dependiendo de lo cercano de la relación y la frecuencia con que se ven. Pero en general, durante los próximos treinta días:

1. No digas nada negativo sobre la persona, ni a ella ni a nadie más. Si se necesita una crítica negativa (como cuando debes corregir el error de un niño o un colega), transfórmala en constructiva, dila con un tono positivo, sé útil y alentador. (Por ejemplo: "Sí, hoy el jefe está de mal humor. Es probable que el comité ejecutivo esté supervisándolo. Vamos a seguir concentrados y entreguemos un informe excelente").

2. Cada día (o tan seguido como puedas) encuentra algo positivo de esa persona que puedas elogiar o afirmar de forma sincera, díselo *y* cuéntaselo a alguien más. (Dile a tu suegra "Gracias por estar dispuesta a cuidar a los niños anoche mientras estábamos en esa reunión", luego dile lo mismo a tu esposo *sin* revelarle que dejó a los niños despiertos hasta muy tarde).

3. Cada día (o tan seguido como puedas) realiza un pequeño acto de bondad o generosidad para esa persona.

Día 1: *Comunica las cosas bien hechas*

Encuentra algo que la persona haya hecho en fechas recientes digno de elogio y dile un cumplido al respecto: "La semana pasada hiciste un gran trabajo en la presentación de ventas". "Te felicito por el entrenamiento de béisbol". "Mamá, escuché que ganaste un premio. ¡Felicidades!".

Día 2: *Comparte la carga*

Elige una tarea que sabes que no le gusta a la persona y hazla con una actitud alegre y sin expectativas. Tira la basura de tu vecino cuando pasa el camión; en la oficina, lava las tazas sucias en el lavadero de la sala de descanso, aunque sea el día que le toca a un colega; ofrece llevar a su casa a otro niño del equipo de fútbol para que su mamá no tenga que recoger a su hijo.

Día 3: *Ofrece entendimiento*

¿Te quejas de lo que crees que está *mal*? Hoy (o la próxima vez que suceda), sin importar lo equivocados que estén (según tú), no corrijas ni opines, solo di algo comprensivo como: "Apuesto a que te hizo sentir frustrado" o "qué pena que tu día empezara tan mal".

Día 4: *Felicita lo cuestionable*

¿Hay algo que a la persona le gusta de sí misma, pero piensa que a ti no? (Sus opiniones fuertes, que consideras inflexibles; su habilidad para seguir la corriente, que consideras impuntualidad; su ~~ en el arte, cuando te gustaría que se enfocara en matemáti- · elógialo en el área que piensa que te desagrada ("vi cómo estuviste dispuesto a dejar lo que estabas haciendo cuando Kayla necesitaba hablar. Debería aprender de tu flexibilidad"). Puntos extra si lo escribes (una nota, un correo electrónico y demás) para que pueda volver a verlo y confirmar que ¡de verdad lo dijiste!

Día 5: *Comparte los bocadillos*

Deja un bocadillo que le guste (puede ser una barrita nutritiva o un pastel) en la encimera de la cocina (del trabajo o de la casa) o donde sepas que la verá.

Día 6: *Ofrece apoyo*

Todos cometemos errores y nos conmueve recibir apoyo incondicional y ánimo, en especial cuando no lo merecemos. La próxima vez que la persona sufra las consecuencias de una equivocación (sacar mala calificación en un examen, hacer el ridículo en una reunión, mencionar las críticas que recibió de su esposo), ofrece tu apoyo incondicional y dale ánimo sin mencionar lo que hizo mal. (Por ejemplo, si tu hijo sacó mala calificación en el examen dile: "Ay, qué pena, mi amor. Pero mira, la próxima semana ¿me ayudas y le escribimos a tu maestra para ver si puedes hacer algún trabajo extra para subir tu calificación?").

Día 7: *A rendir cuentas*

¿Cómo te va con no decir nada negativo, ni a la persona, ni de ella a alguien más? Revisa la semana pasada e identifica cualquier momento en el que *fuiste* negativo a pesar de tus esfuerzos. Haz una lista en un diario o cuaderno. Al lado de cada uno, escribe las razones por las que piensas que metiste la pata ("cuando mis colegas hablan mal de mi jefa, me siento demasiado tentado a unirme a la conversación porque quiero agradar") y qué podrías hacer diferente para evitar que ocurriera la negatividad ("creo que necesito salir de la sala de descanso cuando empiezan a hablar sobre ella"). Elige una o dos estrategias exitosas para usarlas la próxima vez.

Día 8: *Agradéceles*

Encuentra una cosa que la persona hizo hace poco y por la que puedes estar agradecida. Envíale un correo electrónico, mensaje de texto o nota de agradecimiento. ("Vi que guardaste los DVD en la sala como te lo pedí. Gracias por hacerlo". "Gracias por apoyarme en la reunión de ayer". "Noté que le pediste a mamá que me dejara solo un momento. Lo aprecio mucho". "Eres increíble, siempre traes bocadillos a los juegos de voleybol de los niños").

Día 9: *Pensar, preparar e invitar*

Prepara o llévale su café u otra bebida favorita, tú invitas. Si trabajas en una oficina con la persona, cómprale su café favorito de regreso de comer. Si vives con ella, hazle el complicado batido que tanto le gusta.

Día 10: *Derriba la inseguridad*

Cuando la persona se mira en el espejo o contempla su vida ¿qué crees que le preocupa? ¿Que perderá sus objetivos de venta y el equipo se molestará? ¿Que no es bonita? ¿Que nadie quiere trabajar con ella? Hoy, menciona algo que toque su corazón y la anime ⌐⁀⁀⁀⟩ aspecto. ("Trabajaste mucho y el equipo se dio cuenta". "Lin-⟩ s el cabello más hermoso del mundo". "De verdad disfruté ʋroyecto contigo").

Día 11: *Sé detallista*

Envíale un correo electrónico con un nuevo artículo o blog que le gustaría (sobre su político predilecto, equipo de deportes preferido o área profesional de experiencia). Otra opción es mandarle una foto por mensaje o algo que sepas que de verdad le gusta (su coche, película o actor favorito) con una nota como esta: "Creo que disfrutarás este artículo" u "Hoy me encontré esto y pensé en ti".

Día 12: *Llévate bien*

Hoy no discutas con la persona. A menos que sea un asunto personal urgente o de la empresa. Déjale saber, de forma positiva y cortés, que, aunque estás en desacuerdo, aceptas de buena gana hacerlo a su manera. ("Aunque prefiero registrar los proyectos de los estudiantes para la feria de ciencias con otro método, sé que lo has pensado bien, así que hagámoslo a tu manera".

Día 13: *Presume de la otra persona*

Hoy, busca una forma de elogiar a la persona frente a tu jefe, maestro, padre o alguien cuya opinión de verdad le importe. ("Sí, Ben es muy bueno para armar cosas ¿verdad? De hecho, está construyendo una chimenea tan maravillosa en el patio que todos los vecinos vienen a verla"). Si hoy no coincides con la persona, pon un recordatorio en tu calendario para la próxima vez que la veas.

Día 14: *A rendir cuentas*

¿Cómo te va con encontrar algo que puedas apreciar o elogiar sobre la persona todos los días? ¿Y con decírselo y, además, contarle al menos a una persona más? Si descubres que podrías hacerlo mejor, escribe en tu diario o cuaderno de forma específica qué te perdiste o dónde te equivocaste y por qué. Considera e implementa una estrategia de éxito para lograrlo. ("Todos los días veo a mi hija, por eso me acuerdo de elogiarla. Pero olvido decir cosas positivas sobre ella a alguien más. Pondré una nota en mi computadora para recordar contar cosas buenas de ella a mis amigos o colegas").

Día 15: *Regresa el favor*

En las últimas semanas o meses ¿la persona ha hecho o dicho algo por ti? ¿Qué tipo de acción fue? ¿Un servicio? ¿Una palabra de afirmación positiva? ¿Un regalo de algún tipo? ¿Un comentario amable de la nada? O tal vez, solo no te criticó. Sea lo que sea, indica que este tipo de acción es importante para ella. Así que, hoy, haz lo mismo para devolver el favor.

Día 16: *Elimina el conflicto con bondad*

Si la persona es alguien con quien tienes problemas, planea por adelantado una respuesta positiva. La próxima vez (hoy o después) que diga algo ofensivo o hiriente, responde con un cumplido o una palabra amable. ("Sí, sé que no salí a tiempo para llegar, pero muchas gracias por cuidar a los niños. Siempre estás muy dispuesta y fue mi culpa salir del trabajo un poco tarde").

Día 17: *Hazlos reír*

Mándale un correo electrónico o un mensaje de texto con una broma o video divertido (del humor que le gusta) y una nota. ("Ay, esto me hizo reír. Creo que también te divertirá").

Día 18: *Comparte los recuerdos lindos*

Hoy, recuerda algo agradable que la persona hizo por ti en el pasado y cuéntasela otra vez, con un enfoque particular en cómo te hizo o te hace sentir (antes o ahora). ("Mi amor ¿te acuerdas cuando me trajiste esa almohada que hiciste en clase de arte y te tardaste todo un mes en bordar? Fue tan lindo. De verdad me hizo sentir especial").

Día 19: *Involúcrate*

¿La persona trabaja en un proyecto difícil de la escuela, oficina o actividades de voluntariado? Ofrece ayudarle y sigue hasta el final sin enojarte ni desesperarte ("Lamento tanto que fuera difícil trabajar con los voluntarios para el evento. ¿Qué tal si mañana traigo comida y postres para que puedas tenerlos contentos?").

Día 20: *Practica la oración*

Encuentra algo que tenga muy preocupada o triste a la persona y dile que orarás por ella. Después asegúrale que lo hiciste. ("Jefe, me apena mucho que su madre no esté mejorando. Creo que usted sabe que soy una persona de fe y la tendré en mis oraciones"). O si es apropiado, como con un miembro de la familia o un amigo, ora por la persona ahí mismo.

Día 21: *A rendir cuentas*

De los tres elementos diarios del Reto (no decir nada negativo, practicar el elogio y hacer pequeños actos de bondad) ¿cuál es el más fácil y cuál el más difícil de hacer? Escribe las razones para ambos y también ¿qué quieres seguir haciendo porque funciona bien? ¿Y qué necesitas dejar de hacer para mejorar tu relación con la persona?

Día 22: *Practica la positividad*

Si te descubres frustrándote con la persona, detén tu tren de pensamiento y di algo positivo de ella. Repíteselo si anda por ahí o a alguien más si la persona no está cerca.

Día 23: *Borra eso*

En el pasado ¿hablaste mal sobre la persona con alguien más? (Por ejemplo ¿te quejaste de tu hijastro con tus colegas?) Haz una lista de las personas a las que se lo dijiste y, hoy (y durante las siguientes semanas), comenta de forma casual lo que ahora aprecias de esa persona. ("¿Te conté que aceptaron al hijo de Alan en la universidad? ¡Y en su primera opción! De verdad trabajó mucho para mejorar sus calificaciones").

Día 24: *Anímala*

Hoy ¿qué tiene que hacer la persona? Si estás en el mismo lugar de forma física (casa, oficina), déjale una nota de ánimo donde pueda verla. ("¡Oraré por tu exposición de hoy!"). Si estás separado de forma física, mándale un correo electrónico, un mensaje de texto o llámala.

Día 25: *Dale seguimiento*

¿Cómo salieron sus planes de ayer? Pregúntale cómo le fue, luego aliéntala de nuevo diciendo: "Gran trabajo", "Eres muy buena en eso", "Al final, todo saldrá bien" o cualquier otro elogio o palabra de consuelo (cuando sea apropiado).

Día 26: *Agradécele otra vez*

¿Qué puedes agradecer hoy? Observa y dile a la persona en cuanto la veas. ("Gracias por darme tiempo extra para trabajar en la presentación". "Ay, cariño, gracias por guardar tu merienda". "Vi cómo le hablabas de forma amable aunque te estaba volviendo loco. Gracias por ser cuidadoso siempre con eso").

Día 27: *Envía obsequios según la época*

Dale a la persona una caja de galletas de Navidad, huevos de Pascua y otras golosinas de la temporada.

Día 28: *Repite*

¡Nos acercamos al final de los treinta días! Reflexiona: ¿A qué ha respondido mejor la persona durante el Reto de 30 días de bondad? Vuelve a hacer ese tipo de cosas.

Día 29: *Elógiala en público*

Ahora que te has concentrado en lo positivo de la persona durante casi un mes ¿qué surge en tu mente como un gran rasgo de carácter, habilidad u otra característica distintiva que vale la pena celebrar? Piensa cómo hacer que los demás se den cuenta de esto de una forma significativa para la persona y luego hazlo. (Inscribe el nombre de tu colega como competidor para "mejor representante de servicio al cliente del mes", dile al pastor que a tu hijastra le gustaría cantar en el grupo de oración si se lo pidieran, registra los diseños de carpintería de tu suegro para el premio de la comunidad).

Día 30: *Continúalo*

¡Lo lograste! Treinta días después espero que veas cómo evitar lo negativo, practicar lo positivo y hacer pequeños actos de generosidad no solo cambiaron tu relación con la persona, sino que también iluminaron y aliviaron tu corazón. Hoy, revisa todo lo que aprendiste. Luego reflexiona: ¿qué quieres seguir haciendo conforme avanzas en la vida? Comprométete a cumplirlo, pídele a alguien más que te ayude ¡y aprovecha lo que pase!

Gracias por hacer este viaje de treinta días ¡y disfruta la travesía que tienes por delante!

Agradecimientos

Este libro y la investigación que lo respalda representa el esfuerzo e inversión de cientos de personas. ¡Me gustaría agradecer a todos de forma apropiada! También me gustaría invitarlos a cenar, no porque sea una forma de decir gracias, sino porque sería divertido pasar el rato con ustedes. Son un grupo espectacular y generoso, y de verdad disfruté interactuar con cada uno.

Entre el grupo principal que se volcó en este proyecto, debo reconocer y prometer mis servicios de por vida a la gente talentosa y extraordinaria de mi equipo. En especial: Caroline Niziol, quien gestionó el proyecto del Reto de 30 días de bondad de principio a fin; Deanna Hamilton, mi espectacular investigadora y analista de encuestas en esta iniciativa; también Linda Crews, mi directora de operaciones que sugirió la idea de ofrecer el Reto de forma más amplia; Theresa Colquitt, mi asistente ejecutiva; Tally Whitehead, investigadora principal; Naomi Duncan, directora de desarrollo de clientes; Nola Meyer, quien gestiona todas las relaciones de pareja; Angela Bouma y Lucy Iloenyosi, nuestras diseñadoras; Charlyn Elliott y Dixie Walker, que nos ayudan mucho con las aplicaciones del Reto, y los otros miembros del equipo de los que dependo cada día. Todos ustedes son fabulosos y estoy muy agradecida de tenerlos en mi vida. Si alguna vez recibimos mucho dinero inesperado de un benefactor anónimo, todos se merecen unas vacaciones en Hawái… o en algún lugar muy lejano donde no haya correos electrónicos, llamadas ni mensajes a todas horas del día. Y de la noche.

Además, estoy muy agradecida por la ayuda útil y generosa de toda la gente que trabajó con nosotros para crear la prueba y los grupos de investigación del Reto de 30 días de bondad, así como los cientos de personas que participaron en la investigación, probaron el Reto, dieron retroalimentación y contribuyeron con sus conocimientos a través de largas entrevistas y grupos de discusión. En particular, gracias a: Scott y Sherry Jennings de The Bridge en Carolina del Norte; Kim, Dave Anderson y Jeff Simmons de la Men's Leadership Network en Nashville; Jo Anna Williams del Christian Worship Center en San Diego, y varias líderes y representantes actuales y antiguas de la organización nacional iDisciple, en especial Amber Mette, Emily Fernie, Nicole McNair, Shaundra Welch y muchas otras. (Muchas gracias a Summer Pridemore por llevar todas las redes sociales/pruebas ¡durante el permiso por maternidad de Carolina!). Gracias también a Shennelle Edwards, Tyler Reagin, Rob Pace y muchos otros profesionales expertos en los campos de la psiquiatría, psicología, liderazgo, tecnología y neurociencia que proporcionaron ayuda y conocimiento especializado sobre lo que iba encontrando en mis encuestas a lo largo del camino. Un agradecimiento especial a todos mis lectores de manuscritos, incluyendo a mi colega de la gira de conferencias ASPIRE, Kerri Pomarolli, quien contribuyó con su creatividad, y en especial a Morgen Feldhahn, quien aportó conocimiento, perspectiva y a veces me volteaba los ojos para evitarme decir cualquier tontería.

También agradezco a toda la gente sin la cual este libro no existiría. Nunca habría pensado empezar esta investigación si no fuera por la sabiduría de Nancy DeMoss Wolgemuth, quien creó y compartió el Husband Encouragement Challenge. Jamás habría sido capaz de hacer esta o cualquier otra encuesta sin el doctor Chuck Cowan de ßAnalytic Focus. Y el conocimiento e intervención de mi fabuloso agente, Calvin Edwards, fue prerrequisito para este y otros proyectos editoriales.

Estoy asombrada con mis maravillosos editores de WaterBrook: Susan Tjaden, Holly Halverson y Alex Field y todas las personas que trabajan para tomar el material de estos estudios y libros y convertirlos en algo hermoso que transforma vidas. Valoro el trabajar juntos más de lo que puedo expresar.

Hablando de compañeros, estoy en deuda eterna con Nancy French por toda una vida de amistad, ideas creativas para este proyecto y largas cenas en restaurantes divertidos. En especial, gracias a John y Jean Kingston y el equipo de Six Seeds/Patheos por su enorme patrocinio a la página de internet JoinTheKindnessChallenge. com, desarrollado de forma excelente por Phil Earnest y Rhen Bovi. Estoy muy agradecida con la generosidad de compañeros autores/oradores, en especial con Les y Leslie Parrott por todas sus horas de consejos de evaluación, y Kathi Lipp y Dave Willis por apoyar la imagen desde los primeros días. Estoy en deuda con el equipo y los líderes de todas nuestras organizaciones del Reto de 30 días de bondad, en especial Greg Smalley, Danny Huerta y el resto del grupo de Enfoque a la Familia por su ánimo y colaboración. Muchas gracias a los líderes y pastores de Perimeter Church por su ayuda y amistad.

Por último, a mi grupo de oración, amigos cercanos y familia: son un tesoro para mí. ¡Sin ustedes, estoy segura de que no sería capaz de manejar esta vida acelerada, los negocios y el ministerio! En especial a mamá, papá, mis adorables hijos y mi maravilloso esposo, Jeff: tú me sostienes, cubres mis errores con amor y me ayudas a transformar cualquier desánimo en un regalo. Gracias por siempre estar ahí en las formas más pacientes, cariñosas y prácticas. Estoy muy agradecida de la forma en que modelas el tipo de bondad incondicional que me gustaría demostrar algún día: la bondad de Aquél a quien estoy más agradecida.

Shaunti Feldhahn, investigadora social y oradora internacional, es autora de muchos libros innovadores incluyendo *Solo para mujeres*, *Solo para hombres*, *The Male Factor* y *Matrimonios espectaculares*: *Los pequeños secretos que hacen la gran diferencia*, los cuales han vendido más de dos millones de copias en veinticuatro idiomas.

Shaunti obtuvo su maestría en la Universidad de Harvard y trabajó en Wall Street y Capitol Hill. Después, desarrolló un innovador método de investigación para ofrecer conocimiento sobre los errores que comete la mayoría de la gente en las relaciones personales y laborales. Los descubrimientos de Shaunti aparecen en medios tan diversos como *The New York Times* y Patheos, iMom y *Cosmo*.

Jeff, el esposo de Shaunti, es fundador de World2one, un sitio de internet a favor de la privacidad que modifica las reglas tradicionales del juego publicitario. Los Feldhahns viven en Atlanta con sus hijos… y dos gatos que se creen perros.

Notas

El epígrafe de este libro y sus variaciones se atribuyen a Platón, Filón de Alejandría y al autor escocés Ian Maclaren.

Capítulo 1: La bondad hace girar al mundo

1. Como ejemplo de qué tanto desaparece la bondad como prioridad cultural, en libros publicados en inglés estadounidense entre 1829 y 2007 (el último año disponible), la prevalencia de la palabra *bondad* disminuyó, al menos, un 80 por ciento. (Basados en una búsqueda Ngram de "bondad" y "Bondad" usando un suavizado de valor 7; realizado en https://books.google.com, septiembre 2015. En 1829 el porcentaje era 0.0049325. En 2007 declinó 79 por ciento a 0.0010251.)
2. A lo largo de este libro, se editaron varias citas de entrevistas y encuestas por su extensión y claridad, también se cambiaron nombres y detalles de identificación.
3. Lucas 6:35.

Capítulo 2: La bondad es un superpoder

4. A menos que se indique lo contrario, todas las tablas de este libro muestran resultados obtenidos por las personas que hicieron el Reto de 30 días de bondad durante dos semanas o más con una pareja romántica.

5. A menos que se especifique lo contrario, todos los comentarios de las entrevistas son respuestas de una de las pruebas o primeros grupos de encuestas llevado a cabo durante el curso de 2015 e inicios de 2016; algunos fueron editados y/o combinados para dar mayor claridad (si son del mismo individuo).

6. "¿Y qué mérito tienen ustedes al hacer bien a quienes les hacen bien? Hasta los pecadores actúan así." (Lucas 6:33 NVI). Consulta Lucas 6:27-36.

7. Lucas 6:31.

Capítulo 3: ¿Será que la bondad es el enfoque equivocado?

8. Romanos 12:18, NVI.

9. Romanos 2:4.

Capítulo 4: Practica la bondad

10. Filipenses 4:4-8.

11. Es importante notar que, aunque las neuronas espejo son un elemento muy importante en la empatía por los demás, en definitiva, no son el único. Aunque, de alguna manera, el nombre "neuronas espejo" se volvió un poco multifuncional para todos los procesos neurológicos del desarrollo de la empatía. Hay una serie de estudios sobre cómo funcionan las neuronas espejo, lo que sabemos y lo que no. Por ejemplo, consulta http://rstb.royalsocietypublishing.org/content/369/1644/20130169 o www.sciencedirect.com/science/article/pii/S0168010214002314.

12. Reportaje Travelmail, "Shock horreur: Finance minister tells cash-strapped (and perennially rude) French to be NICE to tourists," *Daily Mail*, 20 de junio de 2014, www.dailymail.co.uk/travel/article-2663673/

France-told-nicer-visitors-boost-tourism.html; "Smile S'il Vous Plait, Paris Needs Tourists," *Sky news*, 15 de julio de 2009.

13. "TripAdvisor Names 2013 Travelers' Choice Destinations," 21 de mayo de 2013, https://tripadvisor.mediaroom.com/2013-05-21-TripAdvisor-Names-2013-Travelers-Choice-Destinations

Capítulo 6: **Rechaza lo negativo**

14. Consulta los detalles en www.prisonexp.org.

15. Michael B. Lewis, PhD, y Patrick J. Bowler, MB, BS, "Botulinum toxin cosmetic therapy correlates with a more positive mood," *Journal of Cosmetic Dermatology* 8 (2009): 24, http://onlinelibrary.wiley.com/doi/10.1111/j.1473-2165.2009.00419.x/epdf

16. Lewis y Bowler, "Botulinum," 26.

17. Extraído de una conversación por correo electrónico con Lysa Ter-Keurst, 28 de marzo de 2016.

18. Consulta Brad J. Bushman, "Does Venting Anger Feed or Extinguish the Flame?," 20 de marzo 2001, www-personal.umich.edu/~bbushman/PSPB02.pdf, también puedes consultar su artículo en *Psychology Today*, "Anger Management: What Works and What Doesn't," 25 de septiembre 2013 en www.psychologytoday.com/blog/get-psyched/201309/anger-management-what-works-and-what-doesnt.

19. Doctor William James, *The William James Reader Vol. 1* (New York: primera publicación, 2012), edición Kindle, énfasis añadido.

20. Entrevista telefónica con el autor, 7 de abril de 2015.

21. "He aprendido a estar satisfecho en cualquier situación en que me encuentre. Sé lo que es vivir en la pobreza y lo que es vivir en la abundancia. He aprendido a vivir en todas y cada una de las circunstancias, tanto a quedar saciado como a pasar hambre, a tener de sobra como a sufrir escasez. Todo lo puedo en Cristo que me fortalece". (Filipenses 4:11-13, NVI).

22. *Diccionario de la Real Academia Española*. Revisado el 4 de octubre de 2017, http://dle.rae.es/?id=2EShRsj.

23. Roger Kimball, "The Rise of the College Crybullies," *Wall Street Journal*, 13 de noviembre 2015, www.wsj.com/articles/the-rise-of-the-college-crybullies-1447458587.

24. 2 Timoteo 2:23, NVI.

25. Consulta 2 Timoteo 2:23-26.

26. Consulta el libro 2 de Samuel para la historia completa.

27. "Una vez más Jesús se dirigió a la gente, y les dijo: Yo soy la luz del mundo. El que me sigue no andará en tinieblas, sino que tendrá la luz de la vida." (Juan 8:12, NVI).

28. Lucas 11:33-36, NVI 2011.

Capítulo 8: Realiza actos de bondad

29. Para mayor información sobre los descubrimientos de John Gottman consulta Emily Esfahani Smith, "Masters of Love," *The Atlantic*, 12 de junio de 2014, www.theatlantic.com/health/archive/2014/06/happily-ever-after/372573. Para mayor información sobre los descubrimientos de Brad Wilcox consulta el National Marriage Project, "When Baby Makes Three," *The State of Our Unions*, 2011, www.stateofourunions.org/2011/when-baby-makes-three.php en especial la encuesta sobre generosidad marital. Para mayor información sobre mis descubrimientos, consulta *Matrimonios espectaculares: Los pequeños secretos que hacen la gran diferencia*.

30. 2 Timoteo 2:24.

31. *Looking for America* fue una serie de especiales de la cadena ABC en 1996 y 1997. La cita de Jay Schadler es del recuerdo porque todos los intentos de encontrar el video o la transcripción han sido inútiles. Puedes ver la biografía de Jay Schadler de ABC en http://abcnews.go.com/Primetime/story?id=583107.

32. Salmo 18:35 (LBLA).

33. Filipenses 1:2 (LBLA).

34. El National Marriage Project, "When Baby Makes Three," *The State of Our Unions*, 2011, www.stateofourunions.org/2011/when-baby-makes-three.php. Entre las esposas con satisfacción sexual por encima del promedio, el 45 por ciento dijo ser "muy feliz" en su matrimonio, comparado con el 6 por ciento con satisfacción sexual por abajo del promedio. Para los hombres fue el 45 por ciento contra el 7 por ciento. Como dijo el doctor Wilcox: "Las esposas sexualmente satisfechas disfrutan 39 puntos porcentuales en las probabilidades de ser muy felices en sus matrimonios, y… los esposos sexualmente satisfechos disfrutan 38 puntos porcentuales en felicidad marital".

35. Consulta mi artículo sobre este fenómeno en www.patheos.com/blogs/askshaunti/2015/05/should-i-pray-for-god-to-make-me-more-um-amorous. El artículo acerca de que la estimulación sexual (o la falta de ella) resulta en una libido mayor o menor se encuentra en www.nature.com/ijir/journal/v14/n2/full/3900832a.html.

Consejos para 30 días de bondad: Haz el Reto para tu esposa

36. Debra Taylor y Michael Sytsma, "7 Things You Need to Know About Sex," Building Intimate Marriages, http://intimatemarriage.org/resources/73-7-things-you-need-to-know-about-sex.html#sthash.4d-hUHaJn.dpuf.

37. Emily Esfahani Smith, "Masters of Love," *The Atlantic*, 12 de junio de 2104, www.theatlantic.com/health/archive/2014/06/happily-ever-after/372573.

Otros títulos de ◯RIGEN